L'ILLVSTRE
CORSAIRE,
TRAGICOMEDIE
DE MAIRET.

2930.

A PARIS,

Chez AVGVSTIN COVRBE', Imprimeur
& Libraire de Monseigneur Frere du Roy, dans
la petite Salle du Palais, à la Palme.

M. DC. XXXX.
Auec Priuilege de sa Majesté.

A MADAME,
MADAME
LA
DVCHESSE
D'ESGVILLON.

 ADAME,

Il est constant que ie vous ay des obligations infi-
nies, & constant aussi que vostre Merite est infini

EPISTRE.

ment au deſſus de tous les Eloges que luy pourroit
donner vne plume comme la mienne; l'vne & l'autre de ces veritez connuës, vous doit faire croire aiſément, que dans la liberté que ie prends de vous
adreſſer cette Epiſtre, ie recherche bien moins la gloire
de vous loüer, que ie n'éuite la honte d'eſtre blaſmé
d'ingratitude: quoy qu'à dire vray, ſi i'en auois à
receuoir le reproche, ie l'attendrois pluſtoſt de la bouche de mes ennemis, que de celle de voſtre Grandeur,
tant pource que ſa Vertu ne fut iamais ſolicitée par
ces laſches motifs d'intereſt, ou de vanité, qui font
agir la pluſ-part de ceux qui ſont en puiſſance d'obliger, que pource qu'il luy ſouuient rarement des graces
qu'elle a conferées, ſoit que la quantité ne luy per-
mette pas d'en tenir compte, ou ſoit par vn talent de
memoire tout particulier, laquelle ne luy manque iamais aux moindres occaſions de faire du bien, & qui
ſemble s'éuanoüir immediatement apres le bienfait.
Pleuſt à Dieu, MADAME, que les puiſſances
de mon eſprit fuſſent d'auſſi grande eſtenduë que celles de ma volonté; il y a long-temps que des preuues
extraordinaires de tous les deux enſemble, vous auroient pour le moins aſſurée que de toutes les qualitez qui regardent les bonnes mœurs, ie n'en ay
point de plus entiere, ny qui reuienne dauantage à la
naturelle diſpoſition de mon ame, que celle de la Reconnoiſſance. Mais il eſt vray que malgré les conti-

EPISTRE.

nuelles solicitations de mon Zele & de mon deuoir,
i'ay tousiours esté retenu par la crainte de vous les
tesmoigner de mauuaise grace ; estimant qu'en matiere de remercimens & de loüanges, vn silence res-
pectueux sied beaucoup mieux, qu'vn Panegyrique
imparfait, & qu'vne action de graces qui n'est pas
bien proportionnée à la grandeur de son sujet. I'ay
conceu neantmoins, & disposé le dessein d'vne occu-
pation d'esprit, aussi considerable pour la noblesse de sa
matiere, que pour la longueur de son trauail ; C'est
là que ma Muse s'efforcera de tout son pouuoir de
reconnoistre comme elle doit, la generosité de ceux qui
l'ont obligée, & que par vne raisonnable difference
des Bien-faicteurs & des Bien-faits, elle aura soin
de releuer auec ordre & mesure, le merite des vns &
des autres : Iugez, MADAME, si le rang que
vous tenez en son estime, ne luy doit pas estre vne
regle, comme à vous vne asseurance, de celuy qu'elle
vous donnera dans son Ouurage ; En attendant treu-
uez bon, s'il vous plaist, qu'elle vous presente cettui-
cy, qui fut assez heureux pour paroistre à Ruel auec
vne particuliere approbation de son Eminence ; Ie
mets plustost cette circonstance pour luy donner quelque recommandation aupres de vostre Esprit, que
pour satisfaire à la vanité du mien : Il est vray que
si quelque chose me pouuoit rendre vain iusques à
l'excez, ce seroit infailliblemět l'estime d'vn si grand

ã iij

EPISTRE.

Homme, qui m'en peut honnorer quelque iour en consequence de la voftre ; mais c'eft vn bien où ie n'oferois iamais pretendre, puis qu'il faudroit neceffairement le meriter, il me fuffira donc de ceux que l'on peut acquerir à force de les fouhaiter & de les demander ardamment ; C'eft en ce rang que ie mets l'honneur de voftre bien-veillance, & la permiffion de me dire auec refpect.

MADAME,

De voftre Grandeur,

Le tres-humble, tres-obeïffant & tres-obligé feruiteur,

MAIRET.

ADVERTISSEMENT.

COMME ç'a toufiours efté mon opinion en fuite de celle du Philofophe, que l'Inuention eft la plus noble & la plus excellente qualité du vray Poëte, ie me fuis pour le moins efforcé de m'en feruir vtilement en toutes les Pieces que i'ay données au Theatre; de là vient que ie ne feray iamais difficulté de changer ny de multiplier les plus notables Incidents d'vn Sujet connu, pour-ueu que cette ingenieufe liberté ne ferue pas feulement beaucoup à l'Embelliffement ou à la Mer-ueille, mais encore à la Vray-femblance du Poë-me, à laquelle ie fay profeffion de m'attacher fur toutes chofes, & pluftoft mefme qu'à la Verité; eftimant apres le premier Maiftre de l'Art, que le vray-femblable appartient proprement au Poëte, & le veritable à l'Hiftorien. C'eft ainfi qu'auec vne hardieffe qui paffe au delà de l'Hiftoire, i'in-troduis Octauie dans la Tragedie de Marc An-toine; & que par vne autre qui va mefme contre l'Hiftoire, ie fais mourir Maffiniffe fur le corps de Sophonisbe, ayant voulu redreffer & embel-lir le naturel de ce Heros par vne action qu'il ne fit pas à la verité, mais qu'il deuroit auoir faite. En vn mot, cette premiere partie du bon Poëte.

ADVERTISSEMENT.

m'eft tellement recommandable, que ie n'ay iamais traité de Sujet fi riche & fi remply de luy-
mefme, où ma Mufe n'ayt adioufté, bien ou mal,
beaucoup du fien. Ie me fuis mefme tant hazar-
dé, que d'en produire quelques-vns qui font pu-
rement du trauail de mon Imagination; & fi l'on
prend la peine de bien confiderer ce dernier, on
trouuera ie m'affeure que l'Inuention en eft tout
à fait extraordinaire, & qu'à force d'Art & de
foin ie n'ay pas trop mal appuyé, iufques aux
moindres Incidents, qui font le Vray-femblable
& le Merueilleux de cét Ouurage. Au refte ie
ne doute point que les extrauagances de Tenare,
& les chofes que les autres difent à caufe de luy,
ne defplaifent d'abord à ceux qui ne diftinguent
point la naïfueté d'auec la baffeffe; mais ils con-
fidercront, s'il leur plaift, que c'eft vn Perfonnage
qui contrefait le ridicule, & dont la grace con-
fifte pluftoft en celle de l'habillement & de l'action, qu'en la beauté des Vers ny des Sentimens.
Enfin c'eft vn Sujet graue & ferieux, dont ie me
fuis propofé de conduire les Aduantures à leur
fin, par des moyens Comiques & plaifans, fans
m'efloigner iamais des regles de la Fable ny de la
Scene, ou du Théatre & du Roman, pour m'ac-
commoder aux termes & à l'intelligence du Peuple noftre bon Amy.

A

A MADAME LA DVCHESSE
D'ESGVILLON.

Sonnet.

VOVS qui par les attraits d'vne extréme beauté
Rangez les plus grands Cœurs à voſtre obeiſſance,
Et qui par les effets d'vne extréme bonté
Forcez les plus ingrats à la reconnoiſſance.

Miracle de Vertu, d'Honneur, de Pieté,
Qui ioignez le Merite à l'heur de la Naiſſance,
La Moderation à la Proſperité,
Et par les ſeuls Bien-faits monſtrez voſtre Puiſſance.

C'eſt par voſtre Faueur que l'Inuincible ARMAND,
D'vn regard tout enſemble, & propice, & charmant,
A releué l'Eſpoir de ma bonne Fortune.

Ainſi quelque tempeſte où la iette le Sort,
Son Illuſtre PILOTE eſt ſi cher à NEPTVNE,
Que luy-meſme aura ſoin de la conduire au Port.

MAIRET.

Priuilege du Roy.

LOVIS par la grace de Dieu Roy de France & de Nauarre, A nos amez & feaux Conseillers les Gens tenans nos Cours de Parlement, Maistres des Requestes ordinaires de nostre Hostel, Baillifs, Seneschaux, Preuosts, leurs Lieutenans, & tous autres de nos Iusticiers & Officiers qu'il appartiendra, Salut. Nostre bien amé Augustin Courbé, Libraire à Paris, nous a fait remonstrer qu'il desireroit imprimer, *Vne Tragicomedie intitulée, L'Illustre Corsaire, composée par le Sieur de Mairet,* s'il auoit sur ce nos Lettres necessaires, lesquelles il nous a tres-humblement supplié de luy accorder : A CES CAVSES, nous auons permis & permettons à l'exposant d'imprimer, vendre & debiter en tous lieux de nostre obeïssance la Tragicomedie, en telles marges, en tels caracteres, & autant de fois qu'il voudra, durant l'espace de sept ans entiers & accomplis, à compter du iour qu'elle sera acheuée d'imprimer pour la premiere fois ; & faisons tres-expresses defenses à toutes personnes de quelque qualité & condition qu'elles soient, de l'imprimer, faire imprimer, vendre ny distribuer en aucun endroit de ce Royaume, durant ledit temps, sous pretexte d'augmentation, correction, changement de tiltre, ou autrement, en quelque sorte & maniere que ce soit, à peine de quinze cens liures d'amende, payables sans deport par chacun des contreuenans, & applicables vn tiers à nous, vn tiers à l'Hostel-Dieu de Paris, & l'autre tiers à l'exposant, de confiscation des exemplaires contrefaits, & de tous despens, dommages & interests ; à condition qu'il en sera mis deux exemplaires en noftre Bibliotheque publique, & vne en celle de noftre tres-cher & feal le Sieur Seguier, Chancelier de France, auant que l'expofer en vente, à peine de nullité des prefentes : du contenu defquelles nous vous mandons que vous faffiez iouïr plainement & paifiblement l'expofant, & ceux qui auront droiét d'iceluy, fans qu'il leur foit fait aucun trouble ny empefchement. Voulons auffi qu'en mettant au commencement ou à la fin du liure vn bref extraiét des prefentes, elles foient tenuës pour deüement fignifiées, & que foy y foit adiouftée, & aux copies d'icelles collationnées par l'vn de nos amez & feaux Confeillers & Secretaires, comme à l'original. Mandons auffi au premier noftre Huiffier ou Sergent fur ce requis, de faire pour l'execution des prefentes tous exploits neceffaires, fans demander autre permiffion : Car tel eft noftre plaifir, nonobftant oppofitions ou appellations quelconques, & fans prejudice d'icelles, clameur de Haro, chartre Normande, & autres Lettres à ce contraires. Donné à Paris le vingttroifiefme de Feburier, l'an de grace mil fix cens trenteneuf, & de noftre regne le vingt-neufiefme. Signé, Par le Roy en fon Confeil, C O N R A R T.

Les exemplaires ont efté fournis, ainfi qu'il eft porté par le Priuilege.

Acheué d'imprimer le 20.iour de Feburier 16 40.

LES ACTEVRS.

LEPANTE, Prince de Sicile, & Amant d'Ismenie.

EVANDRE, Medecin.

DORANTE, Prince de Prouence, & frere d'Ismenie.

LYPAS, Roy de Ligurie.

ARGANT,
TENARE, } Corsaires.

ERPHORE, Confident de Lypas.

ISMENIE.

ARMILLE, Dame d'Honneur d'Ismenie.

FELICE,
CELIE, } Filles d'honneur d'Ismenie..

La Scene est à Marseille.

L'ILLVSTRE

L'ILLVSTRE
CORSAIRE
TRAGICOMEDIE.

ACTE I.
SCENE PREMIERE.

LEPANTE, EVANDRE.
EVANDRE.

I merueille incroyable, ô! bien inesperé,
Quoy c'est vous que tant d'yeux ont si
long-temps pleuré?
Vous mon Roy dont l'absence, ou la mort
pretenduë
A de vostre maison l'esperance perduë,

Et de qui le retour va purger nos païs
Des monſtres eſtrangers qui les ont enuahis :
O ! Ciel que ta ſageſſe en miracles feconde
Conduit heureuſement les fortunes du monde !

LEPANTE.

Euandre, mettez fin à voſtre eſtonnement,
Et me dites pourquoy, depuis quand, & comment
On a creu ſi long-temps qu'Iſmenie eſtoit morte ?

EVANDRE.

Sire, cette aduanture arriua de la ſorte :
Mais quelque authorité que vous ayez ſur moy,
Comme mon bien-faiĉteur, mon Seigneur & mon
     Roy,
Vous ne ſçauriez iamais cet eſtrange myſtere
N'eſtoit que voſtre honneur vous oblige a le taire :

Ie ne vous diray point le trouble qui ſuiuit
La nuiĉt pleine d'horreur que le ſort vous rauit,
Ny le dueil de la Cour, ny celuy de la ville
Apres qu'à vous treuuer tout ſoin fut inutile,
Certes quand la Prouence euſt ſes Princes perdus,
On n'euſt pas plus de cris dans Marſeille enten-
     dus,
Les plaintes de vos gens, & de vos domeſtiques
Ne ſe diſtinguoient pas d'auecques les publiques,
Tout chacun affligé d'vne extreme douleur
Plaignoit également cet extreme malheur :

Mais pour comble d'ennuis cette ieune Princeſſe
Receut voſtre diſgrace auec tant de triſteſſe,
Qu'à la fin ſon eſprit ſi grand & ſi bien fait,
Apres s'eſtre égaré, ſe perdit tout à fait,
Iamais dans ſes tranſports n'ayant dit autre choſe
Sinon; Lepante eſt mort, & nous en ſommes cauſe.
Le feu Prince Iolas à qui m'auoit donné
Voſtre pere & mon Roy le vaillant Prytané,
A trauers la noirceur de ſa melancolie
Deſcouure le premier ſa naiſſante folie,
S'aduiſe incontinent de m'enuoyer querir
Pour voir ſi par mon art ie la pourrois querir:
Mais ayant peu d'eſpoir du ſalut de ſa fille,
Pour couurir en tout cas l'honneur de ſa famille,
Il fait courre le bruit qu'elle eſt au monument,
Ce que l'on croit par tout d'autant plus ayſement,
Que pour faciliter cette fourbe funeſte
I'aſſeure en Medecin qu'elle eſt morte de peſte:
Car comme chacun ſçait, c'eſt vn mal que ſouuent
Apporte dans nos ports le traficq du Leuant,
Et dont cette Cité populeuſe & marchande
Reçoit quaſi touſiours vne perte aſſez grande;
Que le Prince à deſſein auoit choiſi la nuit
Pour la faire inhumer & ſans pompe & ſans bruit.

LEPANTE.

Donc perſonne que vous ne ſçauoit l'artifice?

Non, Seigneur, hors Zerbin, ma femme, & la nour-
    rice,
L'entreprise entre nous se mesnagea si bien
Que tous ses autres gens n'en découurirent rien;
I'auois dans la Prouence vne terre assez belle,
I'abandonne la Cour, ie fais maison nouuelle,
Et par l'ordre du Pere y meine auecque moy
Sa fille, la nourrice, & son homme de foy:
Là pour sa guerison mes soins continuerent
Tant qu'au bout de deux ans ses maux diminue-
    rent,
I'en aduertis le Prince, il accourt promptement,
Et remarquant en elle vn peu d'amendement
Vint plus souuent depuis dans nostre solitude
Sans suitte, & sous couleur d'y vacquer à l'estude;
Car d'vn soin curieux les Astres obseruant,
On sçait assez par tout qu'il y fut tres-sçauant,
Enfin, apres neuf ans, cette fille cherie
Retourne auec son pere absolument guerie,
Et r'entre dans Marseille auec vn appareil,
Comme en resioüissance, en beauté nompareil;
Mais le pauure Seigneur d'vne fin naturelle
Quitta bien-tost apres sa dépoüille mortelle;
Ma femme, la Nourrice, & Zerbin en six mois,
Pour me laisser tout seul, le suiuirent tous trois.

LEPANTE.

Et le peuple indiscret sçait-il cette aduanture ?
Ou s'il croit que les morts quittent la sepulture ?

EVANDRE.

Nullement.

LEPANTE.

Que fit donc ce Prince ingenieux ?

EVANDRE.

Par vn noûueau mensonge il excuse le vieux,
Dit qu'il auoit connu, par le moyen des Astres,
Qu'elle estoit reseruée a d'estranges desastres,
Si durant tout le temps qu'il iugeoit malheureux
Par les mauuais aspects d'vn Astre dangereux
Cette ieune beauté n'éuitoit sa disgrace
Dans l'estat inconnu d'vne fortune basse,
Mesme quand Ismenic eut ses premiers beaux
    iours ;
(Car ses debilitez n'ont pas duré tousiours.)

LEPANTE.

Non.

EVANDER.

Non, deux ans ou plus elles furent égales ;
Mais depuis son esprit eut de bons interuales,

A · iij

Quand, dis-je, elle voulut qu'on luy rendist raison
D'vne si solitaire & si longue prison,
Chacun separément luy dit la mesme chose,
Et par cette responce elle eut la bouche close;
Puis d'vn ressouuenir qui la fit souspirer :
C'est trop tard, ce dit-elle, & se prit à pleurer;
Mais à ce que ie voy vous en faites de mesme.

LEPANTE.

Ah ! diuine Beauté, que mon audace extreme
Nous a portez tous deux à d'extrémes malheurs,
Et que tu dois haïr la cause de tes pleurs.

EVANDRE.

Sire, laissant à part ce secret que i'ignore,
Tout mort que l'on vous croit, elle vous ayme encore.

LEPANTE.

Helas ! fidelle Euandre, il est bien mal-aysé
Que son iuste courroux soit si-tost apaisé,
C'est trop peu de dix ans à remettre vne offencé
Qui veut vn siecle entier d'austere penitence.

EVANDRE.

Croyez qu'elle vous garde vn reste d'amitié.

LEPANTE.

Dites que mon destin excite sa pitié;

N'importe, à tout hasard, il faut que ie la voye;
Mais i'attens de vous seul cette derniere ioye.

EVANDRE.

Et bien allons au Temple, elle y pourra venir.

LEPANTE.

Non, ce n'est pas assez, ie veux l'entretenir.

EVANDRE.

Escriuez-luy plustost, & i'ose vous promettre
Que de ma propre main elle aura vostre lettre.

LEPANTE.

Quand ie luy serois cher (ce que ie ne croy pas)
Sans doute estant promise au puissant Roy Lypas,
Pour derniere faueur elle me feroit dire
Qu'elle plaint mon destin, mais que ie me retire;
Ou si de luy parler i'ay l'adresse & le temps,
Ie puis venir à bout de ce que ie pretens,
A quoy la viue voix agira d'autre sorte
Que le simple entretien d'vne escriture morte,
Trouuez donc les moyens de me la faire voir.

EVANDRE.

Sire, ie le feray si i'en ay le pouuoir;
Car, comme vous sçauez, la chose est difficile,
Et l'on vit en Prouence autrement qu'en Sicile.

SCENE II.

ARGANT, TENARE.
cherchans Lepante.

TENARE.

'Eſt luy-meſme aduançons.

EVANDRE,

    Mais voicy deux Marchands
Qui viennent droit à nous à grands pas aprochants.

LEPANTE.

Ce ſont deux de mes Chefs, d'entre tous nos Cor-
  ſaires
Les plus honneſtes gens, & les plus neceſſaires,
Tous deux mes vrays amis, & qui nés mes ſubjets
Sçauent ſeuls ma fortune, & mes hardis projets.
Et bien Argant?

ARGANT.

    I'ay fait les choſes ordonnées,
Et les commiſſions que vos m'auiez données.

LEPANTE.

A t'on pris le signal qui vous doit advertir,
Et la lettre?

ARGANT.

Oüy, Seigneur, ie n'ay plus qu'à partir.

LEPANTE.

Partez donc, employez les rames & les voiles;
Et dés que le Soleil fera place aux Estoiles
Faites venir la flotte, & si i'en ay besoin
Nos feux vous l'apprendront, ou vous serez bien
loin.

EVANDRE.

Eh! Dieux, voulez-vous donc mettre la ville en
cendre?

LEPANTE.

Non, non, ne craignez rien cher & fidelle Euandre,
C'est vn signal donné pour me mettre en estat
D'empescher au besoin vn injuste attentat,
C'est vn frain qu'ei apporte à la supercherie
Dont me pourroit vser le Roy de Ligurie.

EVANDRE.

De faict craignant pour vous cet indigne riual,
I'ay creu que vous ervir estoit vous faire mal,

B

Et difficilement pourriez-vous m'y contraindre,
Si vos precautions ne m'empeschoient de craindre;
Ie ne voy qu'vn mestier, encor bas & honteux
Qui nous puisse estre propre à contenter vos vœux.

LEPANTE.

Quoy, seruir, mendier, se trainer dans la fange,
Dites, ie suis à tout.

TENARE.

Que l'Amour est estrange,

EVANDRE.

Il faut faire le fou.

LEPANTE.

Ce mestier ne vaut rien.

TENARE.

Non, trop de gens le sont, & trop peu le font bien.

EVANDRE.

Connoissant vostre cœur, ie n'ay point fait de doute
Qu'il ne vous dégoustast.

LEPANTE.

La suitte m'en dégouste

Tenare esloignez-vous : Cette indiscretion
Luy seroit vn tableau de son affliction,
Et luy representer sa foiblesse passée,
N'est-ce pas à ses yeux la traiter d'insensée ?

EVANDRE.

Dieux ! elle ne croit pas l'auoir iamais esté,
Son frere seulement ne s'en est point douté ;
Et si ie n'auois sceu que la chose vous touche,
Elle seroit encore à sortir de ma bouche :
Non, non, à cela prés faites ce que i'ay dit,
Par cette inuention, mon art & mon credit
Vous feront seurement aprocher Ismenie.

LEPANTE.

Et si quelqu'vn des miens me tenoit compagnie ?

EVANDRE.

Tout comme il vous plaira, soyez vn ou deux fous,
Ie vous introduiray.

LEPANTE.

Tenare aprochez-vous.

TENARE.

Seigneur que vous plaist-il ?

LEPANTE.

Il faut, mon cher Tenare,
Que voftre belle humeur aujourd'huy fe declare.

TENARE.

Sire, c'eft trop d'honne: r & de gloire pour moy
D'adjufter mon humeur à celle de mon Roy.

LEPANTE.

A ce gefte niais, ce ris & ce vifage,
Iugez s'il fçaura faire vn fecond perfonnage?

EVANDRE.

Ie croy que ce meftier luy fera fort aifé;
Gar naturellement ie l'y voy difpofé.

TENARE.

Euan-
dre eft
Mede.
cin.

Auec les qualitez que le voftre demande
La difpofition y feroit bien plus grande.

EVANDRE.

Grand mercy: cet efprit qui n'eft pas des plus fots.

TENARE.

Fort bien.

EVANDRE.

A mon aduis dira quelques bons mots.

Mais raillerie à part, il est bon, ce me semble
De concerter icy nostre ieu tous ensemble.

TENARE.

Quoy n'est-on pas d'accord que nous ferons les fous?

EVANDRE.

Oüy, mais il faut sçauoir le naturel de tous.

LEPANTE.

Le mien est serieux, triste, & melancolique.

EVANDRE.

Et le sien?

LEPANTE.

Il est propre à quoy que l'on l'aplique.

TENARE.

Oüy, ie suis propre à tout, c'est vn bon-heur que i'ay.

EVANDRE.

Vous ferez donc le triste, & luy fera le gay.

LEPANTE.

Sur tout que nostre jeu, si la chose est possible,
Soit en particulier, la presse m'est nuisible.

EVANDRE.

Si Madame n'est seule, asseurez-vous au moins
Que vostre Comedie aura peu de tesmoins ;
Osté le Roy Lypas, qui rarement la quite,
La Cour est dans sa chambre extremement petite.

LEPANTE.

Et Dorante ?

EVANDRE.

Il chassoit, on l'attend aujourd'huy.

LEPANTE.

L'intelligence est grande entre Lypas & luy ?

EVANDRE.

Vrayment ie ne croy pas, il montre bon visage ;
Mais il fait à regret ce triste mariage.

LEPANTE.

Pourquoy le fait-il donc ?

EVANDRE,

Il est vray qu'aysémene
Il pouuoit l'empescher en son commencement ;
Mais la chose depuis, par son peu de conduite,
A pris vn cours trop long, & de trop grande suite ;
Car sans difficulté c'est vn Prince loyal,

Vn naturel sans fard, vn courage Royal,
Bon, juste, liberal, en vn mot heroïque;
Mais qui ne passe point pour vn grand Politique;
Ce n'est pas vn esprit extrememement adroit,
Preuoyant, entendu, ny tel qu'il le faudroit
Pour se débarrasser d'vne semblable affaire.

LEPANTE.

Ie dirois nettement que ie n'en veux rien faire.

EVANDRE.

Il le diroit en vain, puisque la loy du sort
Abandonne le foible à la mercy du fort;
Il craint que ce Tyran, injuste sur tous autres,
N'vsurpe ses Estats, comme il a fait les vostres.

LEPANTE.

Bien, bien, il les rendra, le temps en est venu:
Mais ne pensez-vous pas que ie sois reconnu,
Euandre?

EVANDRE.

Non, Seigneur, vous ne le sçauriez estre,
Puis qu'Euandre luy-mesme a pû vous méconnestre;
Quand vous fustes perdu vous n'auiez que vingt
ans,
Et le changement d'air, la fatigue & le temps

Vous ont changé depuis auec tout l'aduantage
Qui peut faire admirer vn Heros de voſtre âge:
Vous-vous verrez tantoſt dans mon Eſtude peint
En ce premier éclat de jeuneſſe & de teint:
Mais que vous auez bien vne façon plus mâle,
Et qui ſent beaucoup mieux ſa perſonne Royale.

TENARE.

Il eſt vray que dix ans font vn grand changement.

LEPANTE.

Et puis l'opinion y fait eſtrangement,
On me croit mort par tout, & ſur cette creance
Ie puis voir Iſmenie auec toute aſſurance,
A qui ie veux pourtant, ſi tantoſt ie le puis,
Donner iuſte ſujet d'apprendre qui ie ſuis.

EVANDRE.

Venez donc dans ma chambre afin de vous inſtruire,
En attendant de moy le temps de vous produire.

LEPANTE.

Et comment ferez-vous?

EVANDRE.

     Läiſſez-m'en le ſoucy,
Vne Dame d'honneur que nous auons icy,
A qui le Roy Lypas donne & promet ſans ceſſe,
Luy rendra cet office auprés de la Princeſſe,

            Ie

Ie veux qu'elle vous serue en cette occasion,
Et qu'elle contribuë à sa confusion.

SCENE III.
ISMENIE, CELIE.

ISMENIE.

PAGE, dites au Roy qu'il m'excuse de grace,
Que tantost, s'il luy plaist, au retour de la chasse,
Il ne tiendra qu'à luy de m'en venir parler;
Mais qu'à mon grand regret ie n'y sçaurois aller.
Au moins pour tout le iour me voilà déchargée
Du pesant entretien dont il m'eust affligée.

CELIE.

Oüy, mais le conuiant de venir à ce soir,
C'est iusques à minuit qu'il nous le faudra voir.

ISMENIE.

Il sera bien grossier s'il ne prend ma responce
Plustost pour un refus que pour vne semonce.

C

CELIE.

Il sera ce qu'il est iusques au dernier point,
Mesme le cœur me dit qu'il ne chassera point,
Ie croy que vostre Altesse est trop infortunée
Pour auoir en sa vie vne bonne iournée.

ISMENIE.

Qu'il est bien vray, Celie, & que depuis dix ans
I'ay donné peu de treue à mes regrets cuisans,
Que i'ay souffert de maux, & que l'on m'en prepare
En me sacrifiant à ce Prince barbare,
Insuportable en tout, comme en tout imparfait,
Et pour qui le bon sens n'a iamais esté fait :
A quoy de mes malheurs l'aueugle connoissance
Que vous donna vostre art au poinct de ma naissance,
Sçauant Prince Yolas? à quoy tant de soucy,
Si vos precautions ont si mal reussy ?
Pour destourner de moy ces fieres destinées
On deuoit arrester le cours de mes années,
Et confirmant le bruit que l'on en fit courir
Dés mon troisiesme lustre il me falloit mourir,
Mon terme eut esté court, mais pour le moins ma vie
Eust ignoré les maux dont elle est poursuiuie
Ma mort eust preuenu ce que tousiours depuis
I'ay souffert de remors, de craintes & d'ennuis,

Et l'on verroit encor plein d'honneur & de gloire
Ce Phœnix des Amans, si cher à ma memoire,
Au moins n'eut-il pas eu cette funeste amour
Qui me priua de ioye en le priuant du iour :
Dieux ! au respect du bien que ce malheur nous oste
La satisfaction fut pire que la faute ;
Vous fustes, cher Lepante, ô cruel souuenir !
Trop prompt à m'offencer, & trop à vous punir,
Vostre indiscretion en toute chose égale
Me fut en tous les deux également fatale :
Pourquoy m'offenciez-vous ? ou pourquoy l'ayant
    fait
Punissiez-vous sur moy vostre propre forfait ?
Il valoit mieux laisser vostre audace impunie
Que d'en punir Lepante aux despens d'Ismenie,
Ce que la passion, indiscrette de soy,
Vous fit mal à propos entreprendre sur moy ;
Ce baiser malheureux pris contre ma defence,
A toute extremité n'estoit pas vne offence,
Qu'vn long bannissement ou des yeux ou du cœur
N'eut encore punie auec trop de rigueur :
Helas ! mon indulgence en fut cause en partie,
Mille fois, mais trop tard, ie m'en suis repentie,
Mon indiscretion vous fit estre indiscret,
Et i'en deurois mourir de honte & de regret ;
Ma faute est à la vostre à peu prés comparable,
Mais la mort a rendu la vostre irreparable,

Mon dueil inconsolable, & mes iustes remors
Ne vous osteront pas du triste rang des morts.

CELIE.

Madame, à faire ainsi, vostre melancolie
N'aura iamais de fin.

ISMENIE.

      Non, discrette Celie)
Non certes, que la mort ne nous ait reünis.

CELIE.

Bien donc, que vos regrets ne soient iamais finis,
Plustost que par la mort le destin les finisse:
Mais voicy ma Compagne.

ISMENIE à Felice.

      Et bien, chere Felice,
Partira-t'il bien-tost?

FELICE.

      Madame le voicy,
Il marche sur mes pas,

ISMENIE.

      Que vient-il faire icy?

FELICE.

Vous fascher.

CELIE.

Iustement.

ISMENIE.

Mais encor ie vous prie.

FELICE.

Parlons bas, le voicy.

ISMENIE.

Fust-il en Ligurie.

SCENE IV.

LE ROY LYPAS, ISMENIE, FELICE, CELIE.

LYPAS.

Adame, i'estois prest à monter à cheual
Quand vn penser douteux que vous-vous
   treuuiez mal,
M'a fait venir tout seul en diligence extréme
Pour en estre asseuré de vostre bouche mesme.

ISMENIE.

Vray'mént ie doy beaucoup à vos foins obligeans,
Il eſt vray que tantoſt i'auois dit à mes gens
Qu'on ne me verroit point auec mon mal de teſte ;
Mais, Sire, il ne faut pas que cela vous arreſte,
Allez vous diuertir.

LYPAS.

L'Amant eſt bien brutal
Qui peut ſe recréer quand ſon Amante eſt mal.

FELICE.

O ! la belle ſentence.

CELIE.

Et bien dite.

LYPAS.

Oüy, Madame,
Le corps prend trop de part aux ſouffrances de l'ame,
Tant que vous ſerez mal, ie fay ſerment aux Dieux
De ne vous quitter point.

ISMENIE.

Ie me ſens deſia mieux,
Et voſtre Majeſté ſe donnant moins de peine,
I'auray bien-toſt perdu ce reſte de migraine :

LYPAS.

Venez donc à la chasse, ou ie n'en croiray rien.

ISMENIE.

Vrayment ie ne sçaurois.

LYPAS.

Mes oyseaux volent bien,
Mes Chiens chassent des mieux.

ISMENIE.

Cette chasse est commune,

LYPAS.

N'importe elle est plaisante.

CELIE.

O! Dieux qu'il importune.

ISMENIE.

En fin plaisante ou non, vous m'en dispenserez,
I'iray quelqu'autre iour que vous rechasserez,

LYPAS.

Pour le moins, du balcon de vostre galerie,
Voyez passer ma meute & ma fauconnerie.

ISMENIE.

Et bien ie le feray pour vous rendre content.

FELICE.

Ma sœur qu'il est fascheux, qu'il est persecutant.

CELIE.

Il l'est bien tellement, qu'en l'humeur où nous sommes,
Il nous feroit haïr tout le reste des hommes.

SCENE

SCENE V.

EVANDRE, ARMILLE.

ARMILLE.

N effect, il est vray que vous auez raison,
Et que de sa gayeté dépend sa guerison,
Tant qu'elle sera triste, elle sera mal saine,
Et ce sang eschauffé qui cause sa migraine
Luy fait mal receuoir les caresses du Roy :
Car n'estoit ce chagrin, ie ne sçay pas pourquoy
Elle auroit à degoust l'hymen & la personne
Qui luy met sur la teste vne double Couronne,
Si bien que par raison d'Estat & de santé
Il faut rendre la ioye à son cœur attristé ;
Ie vay donc de ce pas luy faire prendre enuie
De voir ceux que i'ay veus, & dont ie suis rauie ;
Car enfin ie les treuue extremement plaisans,
Pourueu qu'ils ne soient pas de ces fols mal-fai-
sans,
De qui l'extrauagance est par fois dangereuse.

D

EVANDRE.

La leur eſtant vrayment de nature amoureuſe,
Il eſt à preſumer qu'ils n'ont rien de meſchant,
Outre que ie le croy ſur la foy du Marchand,
Homme de probité, de moyens & d'eſtime,
Depuis trente ans, ou plus, mon hoſte & mon intime.

ARMILLE.

Et le prix, à propos, vous l'a-t'il fait ſçauoir ?

EVANDRE.

Trauaillez ſeulement à les luy faire voir,
S'ils plaiſent, le marché ſera facile à faire.

ARMILLE.

I'y vay donc aporter tout le ſoin neceſſaire :
Mais venez-y vous-meſme afin de nous ayder
Dans le commun deſſein de la perſuader.

EVANDRE.

Allons, ie le veux bien. La dupe eſt embarquée
Pour montrer ſon credit, par où ie l'ay piquée,
Elle s'en va produire vn riual trop expert
Pour le contentement de celuy qu'elle ſert.

Fin du premier Acte.

ACTE II.
SCENE PREMIERE.

ISMENIE, EVANDRE, ARMILLE.

ARMILLE.

OILA le personnage, & bien que vous
en semble ?

ISMENIE.

Ie le treuue naïf, & plaisant tout ensemble,
Puis qu'il m'a fait passer vn quart d'heure d'ennuy,
Que si l'autre en son genre est aussi bon que luy,
C'est vn couple d'Esprits de diuerse nature
Qui font de leur folie vne belle peinture ;
Car l'autre, dites-vous, estant plus serieux
Ce meslange d'humeurs doit estre gracieux.

EVANDRE.

Ie croy que le dernier vous plaira dauantage,
Car dés qu'il se verra dans ce bel equipage

D ij

Il ne tranchera plus que de principauté.

ARMILLE.

Comment, quel equipage, où l'a-t'il emprunté?

ISMENIE.

Quoy, vous oubliez donc que par voftre priere
Ie luy viens d'enuoyer vn habit de mon frere,
Et qu'il n'a point voulu pareftre deuant moy
A moins d'eftre couuert & receu comme vn Roy?

ARMILLE.

Madame, excusez-moy, la chofe eft fi plaifante
Que i'en auray long-temps la memoire prefente;
Mais i'ay creu par ces mots, d'Equipage & de Beau,
Qu'on luy dreffoit encor quelque appareil nouueau.

ISMENIE.

Non, il n'a qu'vn habit, & fon fuiuant vn autre,
Pour leur contentement autant que pour le voftre.

ARMILLE.

Croyez que voftre Altefte en aura du plaifir,
Pourueu qu'elle le traite au gré de fon defir;
Car comme il fe croit Prince, il faut qu'elle luy
    rende,
Et reçoiue de luy les honneurs qu'il demande.

Et l'engage sur tout, apres quelques discours
A luy faire vn narré de ses belles amours.

EVANDRE.

Oüy, c'est d'où sa folie a pris son origine,
Son Maistre m'en asseure, & ie me l'imagine.

ISMENIE.

Bien, il sera traité de toutes les façons,
Et suiuant son humeur, & suiuant vos leçons.

EVANDRE.

Ainsi vous en aurez vn passe-temps extréme.

ISMENIE.

Allez donc le haster, & l'amenez vous-mesme.

EVANDRE.

Ouy, Madame, i'y cours. Tout va bien iusqu'icy.

ISMENIE.

Mais, Armille, vostre homme a si bien reüssy
Que nos filles enfin, qui se donnent carriere,
Pour mieux le gouuerner ont demeuré derriere.

ARMILLE.

Et luy-mesme se plaist à les entretenir :
Les voicy toutesfois, ie les entends venir.

D iij

SCENE II.

ISMENIE, ARMILLE, FELICE.

ISMENIE à Felice.

NOVS verrons à la fin que Felice & Celie
Prendront auec Tenare vn grain de sa
folie.

FELICE.

Si par trop de plaisir on prend le mal des fous,
Voftre Alteffe a raifon d'aprehender pour nous,
Qui fort bien à mon gré nous fommes diuerties,
Tant de fes queftions, & de fes reparties,
Comme de fes recits pleins de naïfueté,
D'amours & de combats qui n'ont iamais efté;
Au refte il a treuué ma Compagne fi belle.
Que ie croy tout de bon qu'il eft amoureux d'elle,
Elle qui d'autre part y treuue fon plaifir
Picque tant qu'elle peut fon folaftre defir,
Par tant de complaifance, & tant d'affeterie,
Qu'à moins d'eftre hypocondre, il faut que l'on en rie;

Vous allez voir entrer cet Amoureux badin
Auec tous les soucis & les choux du jardin,
Qu'en forme d'vne aigrette elle a mis sur sa toc-
que,

ISMENIE.

Elle l'ayme donc bien ?

FELICE.

Vostre Altesse se mocque:
Mais ie croy, sur ma foy, qu'elle l'ayme en
effait
Plus que le Courtisan des vostres le mieux fait:
Les voicy, ie vous prie obseruons leur entrée.

SCENE III.

CELIE, TENARE bouffonnement
veftu.

ISMENIE.

AH! Dieux, les beaux foucis.

TENARE.

C'eft vne main facrée,
Vne diuine main plus blanche que le lis
Qui me les a donnez, attachez et cueillis.

ISMENIE.

Ce font donc des faueurs?

TENARE.

Cela pourroit bien eftre.

ISMENIE.

De grace dites-nous, ou nous faites connestre
Le bien-heureux objet dont les charmans appas,

Vous

Vous ont pû rendre sien?

TENARE.

     Cela ne se dit pas.

ISMENIE.

Du moins promettez-moy que si ie vous la nomme,
Vous l'aduoüirez par signe;

TENARE.

     Oüy, foy de Gentil-homme.

ISMENIE.

Allons donc au conseil, mais nous trois seulement;
Celie, entretenez vostre nouuel Amant.

TENARE.

Ie n'ay pas entrepris vn mauuais personnage.
Ma Reyne, ie voy bien que la Princesse enrage
De voir que ie vous ayme, & suis aymé de vous.

CELIE, en se mocquant.

Ie le croy, mon Amant; c'est vn Esprit jaloux
Qui ne sçauroit souffrir qu'on regarde personne,
Si ce n'est elle-mesme.

TENARE.

  Il est vray, ma Mignonne:

        E.

Mais si tu m'aymes bien, ne doute point aussi
Que iusqu'au monument tu ne sois mon soucy,
Ou plustost mon Iasmin, ma Rose, es ma Pensée;

CELIE.

O! l'adorable pointe, es qu'elle est bien placée;
Mon Prince, où prenez-vous ces beaux mots, ces
   douceurs?

TENARE.

Amour me les suggere, es les neuf doctes Sœurs,
Qui laissent rarement vne bouche muette.

CELIE.

Ie croy qu'en son bon sens il fut mauuais Poëte.

SCENE IV.

ISMENIE, FELICE, ARMILLE,
reuenant à Tenare.

ISMENIE.

Nfin, diſcret Amant, nous l'auons deuiné,
Celie eſt ce Soleil, cet objet fortuné,
Cette chere Maiſtreſſe, & ſi digne d'enuie,
Qui diſpoſe du ſort d'vne ſi belle vie,
Et dont la gentilleſſe & les regards charmans
Luy font gaigner en vous le Phœnix des Amans.

CELIE.

C'eſt en voſtre faueur, mon Cœur, que l'on me loüe.

TENARE.

Il eſt vray.

ISMENIE.
Dites donc?

ARMILLE.

Son ſilence l'aduoüe;

B ij

Mais le Seigneur Tenare est adroit en vn point,
Que pour nous mettre en peine, il ne le dira point.

TENARE.

Non, chacun en croira ce qu'il en voudra croire.

CELIE.

Et moy ie le veux dire, il y va de ma gloire;
Oüy, Madame, il est vray, ma grace, ou mon bon-
　　heur,
Ou plustost tous les deux, m'ont acquis cet honneur:
Nos deux cœurs sont bruslez d'vne ardeur mutuelle,
Qui du moins dans le mien sera perpetuelle.

TENARE.

Et dans le mien aussi, n'en doutez nullement.

FELICE.

Ie m'estouffe de rire.

ARMILLE.

　　　　　　　　　　Et moy pareillement.

ISMENIE.

Mais vostre amour, Celie, est estrangement forte,
Puis qu'elle vous oblige à parler de la sorte;
Car encor faudroit-il moderer vostre feu
Ou du moins par pudeur le couurir tant soit peu,

CELIE.

Cet adorable objet de ma premiere flâme
En excuse la force, & m'exempte de blâme,
C'est pour quelque vulgaire & basse affection
Qu'il me faudroit auoir cette discretion :
Mais quant à ce Heros, vostre Altesse elle-mesme
En estant bien aymée, auoüroit qu'elle l'ayme :
On diroit que Nature a fait tous ses efforts
A luy former l'esprit aussi beau que le corps ;
Voyez.

FELICE.

Il s'adoucit, & luy iette vne œillade.

ARMILLE.

Il faut, ou que ie rie, ou que ie sois malade.

CELIE.

Pour moy ie n'en puis plus.

ISMENIE.

Et bien ie vous permets,
Et vous commande aussi de l'aymer desormais,
Sans que iamais nul autre au change vous inuite.

TENARE.

Ah, ah, ah, me changer, vrayment ie l'en dépite ;
Aussi-tost qu'vne Dame a gousté mes appas,
L'amour qu'elle à pour moy surmonte le trépas,

E iij

Il faut que des Enfers ſa pauure ombre reuienne
Afin d'auoir encor l'entretien de la mienne,
Ne pouuant plus iouïr de celuy de mon corps
Du moment que le ſien eſt au nombre des morts,
D'où vient qu'vne ombre ou deux ſe meſlant à la
     noſtre,
Nous l'auons plus épaiſſe eʒ plus noire qu'vne autre,
Ce qui ſe voit aſſez quand ie ſuis au Soleil,
Me changer.

ISMENIE.

En effet vous eſtes ſans pareil,
Mais elle doit trembler d'vne crainte eternelle
Que vous ne la quitiez.

TENARE.

Iamais, elle eſt trop belle.

FELICE.

I'en voudrois donc auoir de plus rares faueurs
Que des fueilles de choux, eʒ de vilaines fleurs,
Autrement.

CELIE.

Voy ma ſœur, que vous eſtes plaiſante.

TENARE.

Non, ne vous troublez pas, ſuffit, ie m'en contente.

ARMILLE.

Qu'elle vous donne vn nœud.

TENARE.

    Pourquoy, que sçauez-vous
Si i'ayme mieux vn nœud qu'vne fueille de choux?

ARMILLE.

Ah certes ie le quitte.

TENARE.

     En dépit de l'enuie
Ie garderay ceux-cy tout le temps de ma vie.

ISMENIE.

Et comment ferez-vous, car c'est vne faueur
Qui n'aura dans deux iours ny beauté ny saueur?

TENARE.

C'est par où ie pretends les garder dauantage,
Si tost qu'ils secheront i'en compose vn potage,
Ou plustost, pour mieux dire, vn charmant con-
  sommé,
Qui dans mon estomach proprement enfermé
Se conuertit après en ma propre substance.

CELIE.

O miracle d'esprit, d'amour & de constance!

FELICE.

Mais de pure folie.

ISMENIE.

Escoutons, i'oy du bruit
C'est l'autre, accompagné, d'Euandre qui le suit,
Ie vay le receuoir auec ceremonie.

SCENE V.

LEPANTE, sous le nom de Roy Nicas, EVANDRE.

EVANDRE.

Rand Roy, *voyez venir la Princesse Ismenie.*

NICAS.

Il n'est pas mal aysé de s'en apperceuoir,
Sa grace & sa beauté me le font assez voir.

FELICE.

Ma Sœur, sans moquerie, il a fort bonne mine.

NICAS.

NICAS.

Le defir d'adorer voftre beauté diuine
Ma fait quiter la Mer & ma flotante Cour,
Afin d'eftre en la voftre vn Efclaue d'Amour.

CELIE.

Il eft plus ferieux, mais plus fol que Tenare,

ISMENIE.

Sire, i'eftimerois ma beauté bien plus rare,
Et l'aymerois bien plus que ie n'ay iamais fait
Si voftre feruitude en eftoit vn effait :
Mais au moins iufqu'icy fi vous m'auez aymée,
C'eft fur la foy d'vn tiers, & de la Renommée.

NICAS.

C'eft plꝰ-toft fur la foy du Miniftre des Dieux,
Qui cent fois en dormant m'a montré vos beaux
    yeux,
Et m'a dit ; Roy Nicas, monte fur mes efpaules,
Ie te veux tranfporter à la cofte des Gaules,
Et là te faire voir dans vn tróne éclatant
Celle que mon pinceau te va reprefentant,
C'eft d'elle que dépend ton repos & ta gloire,
Elle te peut ofter l'importune memoire.

F

Des rudeſſes d'Iphis, qui te croit au tombeau,
Et dont, comme tu vois, elle eſt le vray tableau.

ARMILLE.

Ah! quelles viſions.

ISMENIE.

Pour me treuuer ſemblable
A quelque autre beauté qui vous fut agreable,
Ie vous plais par copie?

NICAS.

Oüy, rien que ce rapport
N'entretient mon amour.

ISMENIE.

Vous m'obligez bien fort,
Et moy dés maintenant ie vous ayme au contraire
Comme vn original qu'on ne peut contrefaire.

NICAS.

Vous m'obligez auſſi.

CELIE.

Ma Sœur, iuſqu'à preſent
Ie ne le treuue pas extrémement plaiſant.

FELICE.

Ny moy; mais écoutons.

EVANDRE.

Souuenez-vous, Madame,
De luy faire parler de sa premiere flâme;
Car c'est sur ce sujet que le fol reüßit.

ISMENIE.

Sire, voudriez-vous bien nous faire le recit
De vos belles amours auec cette Maistresse
De qui ie vous doy faire oublier la rudesse,
Cette adorable Iphis qui vous croit au tombeau,
Et dont ie suis enfin le bien-heureux tableau?

NICAS.

Madame, volontiers; qu'on m'apporte vne chaise.

ISMENIE.

Il est vray que les Roys doiuent estre à leur aise.

TENARE.

Et leur Princes aussi.

ARMILLE.

Tost des sieges par tout.

ISMENIE.

Le reste, s'il luy plaist, demeurera debout.

TENARE.

Exceptez-en ma Reyne, il faut qu'elle s'aßie,
Mets-toy fur mes genoux.

CELIE.

Ie vous en remercie,
Si le Roy nous permet de nous affeoir tout bas,
Son Alteffe y confent.

ISMENIE.

Ie n'y contredis pas.

NICAS.

Moy ie vous le permets, iettez-vous fur l'Eftrade.

EVANDRE.

Il èntend fa Marotte.

ARMILLE.

O! Dieux, qu'il eft malade.

FELICE.

C'eft dommage.

NICAS.

Efcoutez vn difcours merueilleux,
Que la plufpart de vous tiendra pour fabuleux;

Mais ie verray ma peine en plaisir conuertie
Pourueu que son Altesse en croye vne partie,
Et que par quelque signe, ou veritable, ou feint,
Elle me flatte au moins de l'espoir d'estre plaint.

ISMENIE.

Commencez seulement auec cette asseurance
Que ie vous plains desia.

NICAS.

I'ay donc bonne esperance.

ISMENIE.

En effect, ie le plains, & voudrois pour beaucoup
Qu'Euandre le guerist.

ARMILLE.

Il feroit vn beau coup.

NICAS.

Chacun sçait, ou sçaura, que ie suis Roy d'vne Isle
Qui ne vaut guere moins que toute la Sicile,
Tenare le sçait bien.

TENARE.

Il est vray qu'il est Roy;
Mais tel que ses subjets sont presque tous en moy.

F iij

NICAS.

Non loin de mon Royaume vn viel & sage Prince.
Gouuernoit en repos vne grande Prouince,
Et sa magnificence y tenoit vne Cour
Qui la rendoit aymable aux Princes d'alentour,
I'y vins, & n'y vis point de si rare merueille
Que l'Infante sa fille en beauté nompareille,
Dont le regard modeste, amoureux & vainqueur,
Qui sembloit me sommer de luy rendre mon cœur,
M'osta d'abord l'ennie & le temps de combatre;
Elle pouuoit compter trois lustres, & moy quatre;
Bref mon bon-heur fut tel que mon feu l'enflama,
A force de l'aymer ie croy qu'elle m'ayma.

ISMENIE.

Et quels signes d'amour vous donna cette belle?

NICAS.

C'est qu'estant sur le point de me separer d'elle,
(Helas! voicy le bien d'où mon mal est venu)
Cet Esprit iusqu'alors tousiours si retenu,
Oubliant la froideur qu'il nous auoit montrée
Nous permit dans sa chambre vne secrette entrée,
Où seul sur le minuit ie fus luy dire adieu
Malgré tous les soupçons, & de l'heure, & du
    lieu;

C'est là que toute chose augmentant mon audace
En cherchant vn baiser, ie treuue ma disgrace,
Ses yeux auparauant si calmes & si clairs
Me lancent des regards qui semblent des éclairs,
Et sa bouche offencée aux injures ouuerte,
Me foudroye en ces mots, qui causerent ma perte:
Indiscret, me dit-elle, apres cet accident
Ne me montre iamais ton visage impudent,
Meurs, & soüille la Mer de tes flames impures.

ISMENIE.

O! Ciel, que de rapport auec mes aduentures.

NICAS.

Ie pense l'apaiser, ie me iette à genoux,
Mais en vain, ma presence augmente son cour-
　　roux,
Elle m'ordonne encor le trépas pour suplice,
Pleure, souspire, plaint, appelle sa Nourrice,
Et luy commande enfin de me mettre dehors:
Là pressé de douleur, de honte & de remors,
Ie gagne vne fenestre effroyablement haute,
De qui le pied respond dans la mer où ie saute,
Qui depuis ce temps là m'a tousiours retenu
Iusques à maintenant que i'en suis reuenu,
Pour vous rendre, Madame, vn eternel hom-
　　mage.

EVANDRE.

Tout va bien, la Princesse a changé de visage.

ISMENIE.

Seigneur, quelque discours qui me puisse affermir,
Vostre effroyable saut me fait encor fremir,
Et vous fistes tous deux vne imprudence extresme,
L'vn commanda trop tost, l'autre obeit de mesme.

ARMILLE.

Il croit ce qu'il a dit.

TENARE.

Il le peut croire aussi.
Car ie suis asseuré que la chose est ainsi.

ISMENIE.

Mais ie m'estonne fort que vous ne vous perdistes,
Que fit-on pour vostre aide, ou qu'est-ce que vous
fistes?

NICAS.

En habit de Marchand Neptune m'aparut,
Qui me mit dans son Char, & qui me secourut.

ISMENIE.

Et que fit-il de vous?

CELIE.

CELIE.

Vn fou qui nous fait rire.

NICAS.

Il me retint toufiours fur fon humide Empire,
Sur vingt mille Tritons m'eſtablit Admiral,
Et de tous leurs Palais, Intendant General;
Que ie vous viens offrir, belle & grande Princeſſe,
Pour vous y retirer au cas qu'on vous oppreſſe.

ISMENIE.

I'en rends tres-humble grace à voſtre Majeſté.

TENARE.

Il parle de ſa flotte, & dit la verité.

ISMENIE.

Mais, Sire, il ne faut pas qu'vne indiſcrette ennie
D'oüir tout le diſcours d'vne ſi belle vie
Me faſſe preferer le bien que i'en attens
Au mal que vous auriez de parler plus long-temps.

NICAS.

Il ne tiendra qu'à vous d'en aprendre le reſte,
Et de le rendre encore ou plus ou moins funeſte.

G

ISMENIE.

Ie vous entens, tantost nous en sçaurons la fin.

EVANDRE.

L'affaire, ce me semble, est en fort bon chemin.

TENARE, aux filles.

Mon Maistre est vn peu fou, mais il est sans malice,
C'est pourquoy ie le souffre.

ISMENIE.

Armille, & vous Felice,
Faites voir ma voliere & mes jardins au Roy,
Euandre, cependant demeurez auec moy.

TENARE à Celie.

Adieu donc doux Nectar de mon ame alterée.

CELIE.

Adieu, mon Adonis.

TENARE.

Adieu ma Cytherée:
Adieu belle Princesse.

ISMENIE.

Adieu beau Caualier;
Allez l'accompagner iusqu'au grand escallier.

SCENE VI.

ISMENIE, EVANDRE.

ISMENIE.

AYez soin de ces gens, cher & fidelle Euandre,
Et sçachez du Marchand combien il les veut
vendre,
Sur tout pour contenter mon desir curieux,
R'amenez-moy tantost nostre Amant serieux:
Mais prenez vostre temps en l'absence d'Armille,
Qui sortira bien tost pour s'en aller en ville.

EVANDRE.

Madame, asseurez-vous que cela sera fait.

ISMENIE.

Allez donc.

EVANDRE.

Iusqu'icy tout succede à souhait.

G ij

ISMENIE, seule.

O! grands Dieux qu'est-cecy, parmy tant de mer-
    ueilles
Doy-je point soupçonner mes yeux & mes oreilles?
Qu'ay-je oüy? qu'ay-je veu? mes sens émerueillez,
Pouuez-vous m'asseurer d'estre bien éueillez?
Non, non, i'ay fait vn songe, ou ie suis enchantée.

CELIE reuenuë.

Quoy, Madame, ce fou vous a-t'il attristée?

ISMENIE.

Non pas tant que surprise.

CELIE.

            Eh bons Dieux! & comment?

ISMENIE.

Ou i'ay sujet de l'estre, ou par enchantement
Ce qui c'est dit & veu, n'est qu'ombre & que men-
    songe,
Ou tous les assistans n'ont fait qu'vn mesme songe.

CELIE.

Ie sçay trop que pour moy ie n'ay point sommeillé,
Et qu'encore à present i'ay l'œil bien éueillé:

Mais que vous a-t'il dit qui vous ait pû surprendre?

ISMENIE.

Ce que rien de mortel ne luy pouuoit apprendre ;
Si bien qu'absolument ie conclus tout de bon,
Ou que c'est mon Lepante, ou que c'est vn Demon.

CELIE.

Puisque vous en parlez auec tant d'assurance,
Le premier, ce me semble, a bien plus d'apparence.

ISMENIE.

Le retour des Enfers est aux morts defendu.

CELIE.

Et pourquoy voulez-vous qu'il y soit descendu?

ISMENIE.

Helas! sans le vouloir, ma colere, ou sa rage,
L'y fit precipiter au plus beau de son âge:
Si ie vous auois dit quel fut son triste sort
Vous n'auriez pas raison de douter de sa mort:
Mais, horsmis ma Nourrice au monument enclose,
Aucun n'en sceut iamais le genre ny la cause.

CELIE.

Et vous l'auez veu mort?

G üj

ISMENIE.

Non, mais ie l'ay veu choir
D'vn lieu qui fait mourir seulement à le voir :
Car pour vous reueler sa derniere aduenture,
Dans l'horreur d'vne nuit des nuits la plus obscure,
Ie l'ay veu (mais ô Dieux ! vous n'en parlerez pas)
Se jetter dans la Mer de ma fenestre en bas ;
Et le cours du Soleil a fait vn second lustre
Depuis que mon amour fit cette perte illustre.

CELIE.

Seroit-il le premier qu'en pareil accident
Les Dieux ont retiré d'vn trépas éuident ?
Les liures sont tous pleins de semblables exemples
Dont nous voyons encor les tableaux dans nos Tem-
ples.

ISMENIE.

Mais où depuis dix ans se seroit-il tenu ?

CELIE.

C'est vn secret du sort qui nous est inconnu ;
Mais qui n'empesche pas que ce ne soit Lepante.

ISMENIE.

Ah ! Dieux, si c'estoit luy, que ie mourrois contente.

CELIE.

Si perſonne en ſçait rien il faut que ce ſoit vous,
En a-t'il quelque ſigne?

ISMENIE.

Il les a preſque tous,
Sa bouche, ſon regard, ſa parole, ſon geſte,
Et bref, horſmis ſon teint, il en a tout le reſte;
Car lors qu'il ſe perdit il auoit la façon
D'vne jeune beauté ſous l'habit d'vn garçon.

CELIE.

Madame, c'eſt luy-meſme, & toute ſa folie
N'eſt qu'vn ſage artifice.

ISMENIE.

Ah! que ie crains, Celie,
Que l'Amour, vne fievre, vne longue priſon,
Ou quelque autre accident n'ait troublé ſa raiſon.

CELIE.

Bien loin d'auoir pour luy cette obligeante crainte,
Croyez que ſa folie eſt vne accorte feinte,
Par où, l'adroit qu'il eſt, a voulu rechercher
Les moyens de vous voir, & de vous aprocher;

Mesme ie croy qu' Euandre, ou ie suis bien trompée,
Est de l'intelligence, & qu' Armille est dupée,
L'industrieux vieillard, qui sans doute le sert,
L'employe à le produire, & se met à couuert.

ISMENIE.

A ce conte, Celie, elle n'est pas trop fine;

CELIE.

Non, mesme il a tant fait que pour la bonne mine
Du plus interessé de nos deux Amoureux,
Elle a tiré de vous deux beaux habits pour eux.

ISMENIE.

En effect il est vray que plus ie vous écoute,
Moins sur cette matiere il me reste de doute:
Mais allons aux jardins nous en entretenir,
Attendant le vieillard qui l'y fera venir,
Afin que mes soupçons changez en certitude
Mon esprit desormais n'ait plus d'inquietude.

Fin du second Acte.

ACTE

ACTE III.

SCENE PREMIERE.

ISMENIE, seule apres la reconnoissance
de Lepante.

STANCES.

APRES dix ans de mort Lepante voit le
    iour!
Apres dix ans d'ennùy ma ioye est reue-
    nuë;
O! surprise agreable, ô! fortuné retour,
O! merueille du Ciel à la terre inconnuë,
Effaits prodigieux de Fortune & d'Amour,
Aueugles Deïtez, que ie vous suis tenuë,
Et que i'esproune bien qu'vn bien fait est plus grand
    Alors qu'il nous surprend.

H.

C'eſt à toy proprement que ce miracle eſt deu
Fortune, dont la main en merueilles feconde,
Me redonne vn treſor que i'eſtimois perdu:
Mais, ó puiſſant Demon, ſi craint par tout le monde,
Ie te doy beaucoup moins pour me l'auoir rendu,
Que pour l'auoir ſauué des abiſmes de l'onde,
Quand mon iuſte courroux trop prompt à s'irriter
    L'y fit precipiter.

Cruel reſſouuenir du ſuccez mal-heureux
Qui ſuiuit cette nuit ſi tragique & ſi noire
Par l'expiation de ſon crime amoureux;
Effroyables objets ſortez de ma memoire,
Afin qu'apres dix ans de penſers douloureux
Ie compte vn ſeul inſtant d'eſperance & de gloire,
Où ie puiſſe gouſter auſſi purs qu'innocens
    Les tranſports que ie ſens.

Mais helas! cet inſtant, s'il m'eſtoit accordé,
Seroit vn bien pour moy de trop longue durée,
Non, non, c'eſt deſia trop de l'auoir demandé,
A des peines ſans fin ie me ſens preparée;
Et par l'ordre du Ciel qui doit eſtre gardé,
La Fortune & l'Amour ont ma perte iurée
Puiſque ie n'en reçoy cet aymable treſor
    Que pour le perdre encor.

Cet infame Tyran riche du bien d'autruy,
Esgallement hay des peuples qu'il opprime,
Et de ceux dont par force il veut estre l'appuy,
Ce monstre à qui l'hymen doit m'offrir en victime,
Me conduit à la mort, que ie crains moins que luy,
Par les degrez d'vn trône estably par le crime;
Si Lepante au besoin ne donne vn prompt effait
    Au dessein que i'ay fait.

SCENE II.

ISMENIE, LEPANTE, EVANDRE.

ISMENIE.

Ais le voicy qui vient, ô Prince déplorable!
Que ma faute & la vostre ont rendu misé-
    rable,
Trop prompt à m'offencer & trop à m'obeïr,
Qui auec iuste raison vous me deuez haïr.

LEPANTE.

Ny mes Estats perdus, ny depuis dix années
Ma fortune, & ma vie à tout abandonnées,

H ij

Ne m'ont rien fait souffrir que n'ait trop merité
Mon indiscrette audace enuers voftre beauté,
Et ie prendrois à gré ma fortune prefente
Pourueu que mon retour vous pleuft.

ISMENIE.

Ouy, cher Lepante,
Ie vous le dis encor, le bien de vous reuoir
Eft vn des plus parfaits que ie pouuois auoir,
Quelque feuere loy que la pudeur m'impofe,
Ie veux montrer ma ioye à celuy qui la caufe,
Apres tant de trauaux, de conftance & de foins,
Le cœur le plus ingrat ne pourroit faire moins.

LEPANTE.

Vous loüez ma conftance, & moy tout au contraire,
I'ay fur cette matiere vn reproche à vous faire,
Puis qu'apres le difcours que ie vous ay tenu
Encor ne fçay-je pas fi vous m'euffiez connu,
Si l'homme que voila ne vous euft point aydée
A retracer de moy quelque confufe idée.

EVANDRE.

Ie ne l'ay fecouruë en aucune façon.

ISMENIE.

Non, voftre feule hiftoire a caufé mon foupçon;

Car pour voſtre perſonne, encor que i'y treuuaſſe
Meſme bouche, meſme œil, meſme air, & meſme
  grace,
Ce ne m'eſtoit pourtant qu'vn indigne rapport
D'vn Eſclaue viuant auec vn Prince mort :
Mais de voſtre trépas la triſte renommée
Eſtant par tout receuë, & par tout confirmée,
Que pouuois-je penſer, ſinon que vous eſtiez
Ce meſme extrauagant que vous repreſentiez,
Et ſi naïfuement, que i'ay dit à Celie
Que ie craignois pour vous quelque accez de folie.

LEPANTE.

Vrayment mon perſonnage a fait vn bel effait.

ISMENIE.

Prenez vous en à vous qui l'auez ſi bien fait.

EVANDRE.

Tout indigne qu'il eſt il faut bien qu'il l'exerce,
S'il veut continuer ſon amoureux commerce.

ISMENIE.

Oüy, Lepante, il le faut, ſi vous me voulez voir,
Et nous vous ayderons de tout noſtre pouuoir,
Euandre, moy, Celie, & peut eſtre Felice,
Couurirons voſtre jeu d'vn commun artifice ;

Ainſi quelque faſcheux qui puiſſe ſuruenir,
I'auray touſiours moyen de vous entretenir,
Et de gouſter au moins cette innocente ioye.

LEPANTE.

Tout m'eſt doux, tout m'eſt beau pouruen que ie vous
    voye;
Que ie paſſe par tout pour vn fol ſerieux,
Si i'ay voſtre entretienie ſuis Roy glorieux,
Et tiens qu'à ce prix-là les plus ſages de Grece
Voudroient à ma folie échanger leur ſageſſe.

ISMENIE.

Au lieu de me tenir ces diſcours obligeans
Contez-moy ſous quel Ciel, & parmy quelles gens
Les Dieux & la Fortune ont depuis dix années
Laiſſé couler ſans bruit vos triſtes deſtinées ;
Sur tout apprenez-moy quel caprice du ſort,
Contre toute apparence empeſcha voſtre mort,
Car c'eſt, à dire vray, de toute la Nature
La plus prodigieuſe & plus rare aduanture.

EVANDRE.

Ie bruſle de l'entendre.

ISMENIE.

Et moy.

LEPANTE.

Puis qu'il vous plaist,
Oyez en peu de mots la chose comme elle est.

I'auois par la douleur, & l'eau que i'auois beuë
Perdu le sentiment, la parole & la veuë,
Quand des coups & des cris accompagnez d'effroy
Me furent vn sujet de reuenir à moy,
Dans le coin d'vn nauire, & presque à fonds de cale,
Ie me treuue estendu sur vn lit dur & sale,
Du sang d'vn homme mort tout fraischement soüillé
Et de quantité d'eau dont ie l'auois moüillé.

ISMENIE.

Mon Pere ie fremis.

EVANDRE.

Et moy ie vous proteste,

LEPANTE.

Comme ie contemplois ce spectacle funeste

Deux soldats, la lanterne & l'espée en auant,
Vinrent voir si quelqu'vn estoit encor viuant,
Et treuuant vn vieillard caché parmy des hardes
Luy passerent deux fois leurs glaiue iusqu'aux gar-
des;

Apres venans à moy qui n'attendois pas mieux,
Ie vis que le plus jeune arresta le plus vieux,
Obserua mon habit, ma phisionomie,
Et luy montra du doigt l'eau que i'auois vomie,
Puis en mauuais Romain luy dit semblables
　　mots :
Celuy-cy, que sans doute on a tiré des flots,
En l'estat qu'on le void, moüillé, pasle & malade,
N'a pas causé la mort du vaillant Encelade,
Il est pour vn Marchand trop richement vestu,
Et ne doit point mourir s'il n'a point combatu :
Il en faut consulter le reste de la troupe
Dit l'autre, & le porter dans la chambre de poupe :
Cela dit, chacun d'eux me transporte à son rang
Sur vn tillac couuert d'vne mare de sang,
Et qui seruoit encor de Scene & de Theatre
A la fureur de Mars qui s'y venoit d'ébatre ;
Là par raison d'Estat, & par necessité
Ie déguise mon nom, mon sort, ma qualité,
Et dis que pour m'oster à la fureur d'vn maistre
I'auois sauté dans l'eau d'vne haute fenestre,
De sorte qu'en l'estat où l'on m'auoit treuué
Ie ne pouuois sçauoir qui m'en auoit sauué,
Lors des plus apparents vn bon nombre s'assem-
　　ble,
Qui long-temps & tout bas deliberent ensemble.

　　　　　　　　　　　　　　ISMENIE.

ISMENIE.

Dieux que ie crains pour vous.

LEPANTE.

Ils furent plus courtois
Que dans mon defeſpoir ie ne le ſouhaittois ;
Ils me firent ſeicher, & par leur bonne chere
S'efforcerent en vain de charmer ma miſere ;
Car ie gardois touſiours pour nourrir ma langueur
L'image de ma faute & de voſtre rigueur.

ISMENIE.

Mais que deuintes-vous ?

LEPANTE.

Ie m'en vay vous le dire.
Apres auoir deſtruit ce mal-heureux Nauire
De qui ie fus le ſeul & le dernier viuant,
Ils reprennent ſoudain la route du Leuant,
Et ie paſſe auec eux dans vn vaiſſeau de guerre
Qui ne craignoit en tout que la flame & la terre ;
Ie fus leur priſonnier vn mois & preſque deux
En attendant le temps de me dérober d'eux,
Qui m'euſſent fait payer vne rançon immenſe
Si ma diſcretion n'euſt caché ma naiſſance,

I

Quand le plus grand ennuy qui pouuoit me saisir,
Sur le poinct d'échaper m'en osta le desir;
I'apris auprés de Tyr le bruit faux & funeste
Que la belle Ismenie estoit morte de peste;
Et quelque temps apres ie sceus la verité
Qu'vn injuste voisin m'auoit desherité:
Car, comme vous sçauez, cette honte des Princes
Vn mois apres ma perte entra dans mes Prouin-
ces,
Où mon frere Anaxandré, en defendant le sien,
Perdit à la bataille & la vie & le bien;
Ainsi donc n'ayant plus ny d'espoir ny d'enuie,
Ie mis à l'abandon ma fortune & ma vie,
Courus par desespoir tous les bords estrangers
Où l'on peut mieux treuuer les extrémes dangers;
Et bref cherchay la mort sur la terre & sur l'onde
Tant que ie ne creus pas que vous fussiez au monde.

ISMENIE.

Au moins depuis six mois ayant sceu que i'y suis
Vostre cœur a fait treuue auecque ses ennemis,
Où croyant iusqu'icy vostre perte assurée
I'ay bien souffert des maux de plus longue durée:
Mais quel sort tenebreux a caché vos beaux iours?

LEPANTE.

C'est d'vne estrange vie, vn estrange discours,

A quoy le iour entier auroit peine à suffire.

ISMENIE.

Bien donc, vne autrefois vous pourrez nous le dire:
Mais éclaircissez-moy l'histoire du vaisseau
Dont le Ciel se seruit à vous tirer de l'eau?

LEPANTE.

Vous m'obligez, Madame, au recit d'vne chose,
Que pour n'auoir point veuë il faut que ie supose,
Et dont tous les témoins ont pery deuant moy;
Mais toufiours, en tout cas voicy ce que i'en croy.
C'estoit vn vaisseau Grec, qui sortoit de Marseille,
(Comme i'ay sceu depuis) riche & fort à merueille,
Il ne vit pas ma cheute à cause de la nuit,
Mais il ne laissa pas d'en entendre le bruit,
Il dépescha l'esquif, & remarqua la place
Auec tant d'heur pour nous, ou plustost de disgrace,
Qu'il est à presumer que reuenant sur l'eau
Quelqu'vn des Mariniers nous mit dans le ba-
    teau:
Mais soit que la pitié qu'ils m'auoient témoignée
Eut contre leur vertu la Fortune indignée,
Ou soit que ma disgrace eut attiré la leur
Par la contagion de mon propre malheur,
A ce premier éclat que le Soleil nous montre
Vn Nauire Africain leur vint à la rencontre,

A qui l'auare faim, & l'efpoir du butin
Fait commencer la charge auec fon Brigantin :
Nos Marchands, gens de cœur, fôngent à fe de-
    fendre,
Refolus de perir pluftoft que de fe rendre :
En ce premier combat, le Chef des affaillans
Eft porté dans la Mer, & trois des plus vaillans,
Il y meurt ; cependant le gros Nauire aproche,
Qui donne l'efcalade à l'autre qu'il acroche ;
En fin, pour faire court, apres vn long effort
Cet injufte agreffeur demeure le plus fort ;
Alors fur vaincu le vainqueur fait main baffe,
Et le pauure Marchand ne treuue point de grace,
Tous font facrifiez, par la flame & le fer
Aux manes d'Encelade eftouffé dans la Mer.

EVANDRE.

Et ces cœurs fans pitié, ces Conquerans auares,
Eftoient affurément Pirates & Barbares ?

LEPANTE.

Oüy, des plus redoutez, & des plus belliqueux.

ISMENIE.

Mais vous, combien de temps fuftes-vous auec
    eux ?

LEPANTE.

Il luy faut deformais déguiſer la matiere;
I'y paſſay d'vn Soleil la courſe preſque entiere;
Mais ayant en horreur leurs actes inhumains,
Ie fis tant qu'à la fin i'eſchapay de leurs mains.

EVANDRE.

Ah que vous fiſtes bien, ce ſont ceux-là peut-eſtre,
Qui prirent nos vaiſſeaux, & le Prince mon
  Maiſtre.

LEPANTE.

Comment, que dites-vous, l'ont ils fait priſonnier?

ISMENIE.

Oüy, mon frere en fut pris cet Automne dernier,
Mais bien loin de s'en plaindre, il preſche leurs
  loüanges
Obligé qu'il y fut par les faueurs eſtranges
Qu'il receut de leur Chef le fameux Axala,
Ou du mains de ſa part, car luy n'eſtoit pas là;
Mais dés qu'il ſceut la priſe & le nom de mon
  frere,
Il dépeſcha vers luy ſa premiere Galere;
Et nous le renuoya par ceux qui l'auoient pris,
Auec cent complimens, & vingt cheuaux de prix;

LEPANTE.

Ie ne le connoy point, mais il est en estime
D'estre assez genereux, courtois & magnanime;
Ie le blame pourtant d'exercer vn mestier
Indigne d'vn grand homme, & d'vn courage altier.

ISMENIE.

Possible iusqu'icy l'a-t'il fait par contrainte,
Et sa necessité merite d'estre plainte.

LEPANTE.

Ie l'adouë, & moy-mesme ayant fait comme luy
Ie deurois me seruir de l'excuse d'autruy;
Que ie vous sçay bon gré d'auoir de la tendresse
Pour les cœurs genereux que la Fortune oppresse,
C'est par là que i'espere, & par là, que ie croy,
Que vous aurez encor quelques pensers pour moy.

ISMENIE.

Ie serois trop ingrate, inconstante & blamable,
Si pour estre moins grand vous m'estiez moins ay-
    mable;
Vostre sort au contraire accroist mon amitié
Par ces tendres pensers qu'inspire la pitié,
La perte d'vn Estat que ie causay moy-mesme,
Ne doit pas empescher qu'vn bõ cœur ne vous ayme;

C'eſt pourquoy (l'honneur ſauf) eſperez tout de
   nous,
Comme ſi la Sicile eſtoit encore à vous.

LEPANTE.

Que i'eſpere, eſ Lypas, à qui l'on vous deſtine?

ISMENIE.

Ie luy feray ſi froide eſ ſi mauuaiſe mine,
Que s'il n'eſt inſenſible il eſteindra ſon feu.

LEPANTE.

Et s'il ne l'eſteint pas?

ISMENIE.

            Ie m'en ſouciray peu.

LEPANTE.

Mais d'vn frere engagé la puiſſance abſoluë
Peut rendre en ſa faueur voſtre ame irreſoluë,

ISMENIE.

Bien, Lepante, en ce cas vous me la reſoudrez,
Croyez qu'il n'en ſera que ce que vous voudrez,
Et que ſur cet hymen, non plus que ſur tout au-
   tre,
Ie ne ſuiuray iamais de conſeil que le voſtre.

Ie penſe pour tous deux en auoir aſſez dit.

LEPANTE.

Oüy, Madame.

EVANDRE.

O! bons Dieux, que l'amour enhardit.

LEPANTE.

Mais ſi l'on vous contraint, comme c'eſt l'apparence,
Que deuiendra Lepante auec ſon eſperance?

ISMENIE.

Vous eſtes deffiant & preſſant iuſqu'au bout.

LEPANTE.

Ie le ſuis en effect, pource que ie crains tout.

ISMENIE.

Lepante encore vn coup, ie vous parle en ces termes,
Les Cieux ne tournent point ſur des Poles plus
    fermes,
Qu'eſt le deſſein que i'ay de ne manquer iamais
A ce que ie vous dois, & que ie vous promets:
Mais ioüez voſtre ieu, ie voy venir Armille.

LEPANTE.

Laiſſez-moy trauailler: Ma perſonne en vaut mille,
                     Et

Et quiconque osera pretendre à vostre amour,
Fust-il vn autre Mars, il y perdra le iour ;
Mais puisque vous souffrez qu'vn autre vous ca-
reße,
Adieu, ie vay chercher ma premiere maistreße.

ISMENIE.

Reuenez, reuenez.

LEPANTE.

Non, ie n'en feray rien.

SCENE III.

ARMILLE, qui a entendu ce qu'il a dit.

A colere l'emporte.

EVANDRE.

Il l'entend aßez bien.

ISMENIE.

Vous nous trouuez brouillez.

K

ARMILLE.

Madame, il me le semble,
Quand ie vous ay quittez, vous estiez mieux en-
    semble;
Et d'où vient, s'il vous plaist, que vous estes si mal?

ISMENIE.

Il s'est imaginé qu'il auoit vn riual,
Et depuis ce temps là ie l'ay treuué si rare
Qu' Euandre vous dira qu'il vaut mieux que Te-
    nare,
Pour moy ie l'ayme mieux.

EVANDRE.

Il me plaist plus aussi.

ARMILLE.

Si bien que l'vn & l'autre ont fort bien reußi,
Vrayment i'en suis bien ayse estant cause en partie
Du plaisant entretien qui vous a diuertie.

ISMENIE.

Ie le confesse, Armille, & ie vous en sçay gré;
Vous ne pouuiez me plaire en vn plus haut degré:
Mais quitons ce discours, & me dites de grace
Si mon frere & le Roy sont venus de la chasse?

ARMILLE.

Oüy, Madame, & de plus par moy fort bien in-
struits
De l'humeur des Messieurs que ie vous ay produits.

ISMENIE.

Où les auez vous veus ?

ARMILLE.

Dans la cour de l'Ouale;
Mais quand ie suis venuë ils montoient à la salle.

ISMENIE.

Allez les donc chercher vous qui les gouuernez.

EVANDRE.

Qui, Madame ?

ISMENIE.

Vos fous, & nous les ramenez.

EVANDRE.

Pour Tenare il accourt, si ie puis le conneſtre,
C'eſt luy, reſte à treuuer ſon fantaſque de maiſtre,
Qui ne manquera pas à ſe faire prier.

K ij

SCENE IV·

TENARE, accourant tout effrayé.

ISMENIE.

*Enare, où courez-vous? qu'auez-vous à
crier?*

TENARE.

Ce n'eſt rien.

ISMENIE.

Pourquoy danc faites-vous ce vacarme?

TENARE, ſe tournant du coſté d'où il eſt venu.

*Poltrons, m'aſſaſſiner & me prendre ſans armes,
Vous eſtes des marauts.*

ARMILLE.

En effet ils ont tort.

TENARE.

Vous ſçauez que Celie & moy nous aymons fort.

ISMENIE.

Tres-bien, & que Felice en est mesme jalouse.

TENARE.

Iustement, elle enrage, & veut que ie l'espouse;
Mais me treuuant trop ferme en ma premiere amour,
Elle veut de dépit me faire vn mauuais tour
Par ces deux assassins qui m'ont pris par derriere.

ISMENIE.

C'est mon frere & le Roy qui se donnent carriere.

ARMILLE.

Sans doute, & les voicy.

SCENE V.

DORANTE, LYPAS.

LYPAS.

Nous le treuuerrons bien.

TENARE.

A l'aydé, au meurtre.

ISMENIE.

Ils ne vous feront rien,
Demeurez, prés de moy : Seigneurs, ie vous suplie,
Permettez, auec moy qu'il espouse Celie.

DORANTE.

Puisque c'est vn hymen que vous auez permis,
Il est iuste, & dés-là nous sommes ses amis.

TENARE.

Ie suis le vostre aussi ; mais iamais de Felice.

SCENE VI.

FELICE, CELIE.

ISMENIE.

A Prochez l'vne & l'autre, on vous a fait iustice,
Celie est à Tenare.

CELIE.

O fauorable arrest!

ISMENIE.

Pour vous n'y songez plus.

FELICE.

Iamais puis qu'il vous plaist,
Mais i'en mourray d'ennuy.

TENARE.

Dy d'amour & de rage,
Ialouse.

LYPAS.

Il est bien fou.

ARMILLE.

L'autre l'est dauantage

Car outre qu'il s'estime aussi grand Roy que vous,
C'est qu'il traite Madame en Amoureux jaloux:
Le voicy, mais sans rire admirons son entrée.

SCENE VII.

LEPANTE, faisant le fasché &
l'imperieux.

Velle sorte de gens ay-je icy rencontrée,
Euandre?

ISMENIE.

Aprochez, Sire, & ne vous faschez pas,
Le plus proche de vous est le grand Roy Lypas,
Et l'autre mon parent.

LEPANTE.

Pour l'vn ie le respecte,
Mais i'ay de ce Lypas là presence suspecte,
I'ayme vostre parent, & suis son seruiteur;
Pour l'autre ie le hay comme vn vsurpateur,
Qui veut s'aproprier mon bien & ma Maistresse,

LYPAS.

LYPAS.

Et quel tiltre, & quel droit vous donne la Princesse?

LEPANTE, parlant tousiours sous le nom du Roy Nicas.

Ma longue affection, mon immuable foy,
Elle enfin qui m'accepte, & qui se donne à moy.

DORANTE.

Sire, essayez de grace à le mettre en colexe.

LYPAS.

Vous ne meritez pas vn si digne salaire,
A moy seul apartient l'honneur de la seruir,
Et c'est moy, Roytelet, qui vous la veux rauir.

LEPANTE.

Auant que cela soit i'y perdray trente Princes,
Dont le moindre commande à trois grandes Pro-
uinces.

TENARE.

Il parle de ses Chefs, & de nos grands vaisseaux.

DORANTE.

Mais, Sire, où tenez-vous ces Princes vos vas-
saux?

L

LEPANTE.

A deux doigts de la mort, chez Mars & la For-
tune.

LYPAS.

Ie croy que voſtre Empire eſt ſubjet à la Lune.

LEPANTE.

Tu pourois dire encor qu'il eſt ſujet au vent,
Afin que ton mépris me picquaſt plus auant:
Mais ſçache, Roy Lypas, que ſi i'entre en furie
Ie te feray quiter la Mer de Ligurie,
Et que ſi deſormais tu diſputes mon bien
L'Empire que tu dis me donnera le tien.

EVANDRE.

I!s ne l'entendent pas.

TENARE.

Non ie vous en aſſeure.

LYPAS.

Vrayment il eſt bien fou.

LEPANTE.

Ie voy bien à cet' heure,

Chacun eſt partiſan de ſa proſperité;
Mais bien-toſt les rieux ſeront de mon coſté.

DORANTE.

Sa colere eſt trop grande, il faut que ie l'apaiſe:
Vous jetter dans la guerre, ah! Sire, aux Dieux ne
　　plaiſe;
Deux grands Roys comme vous n'en viendroient
　　pas aux mains
Sans troubler le repos du reſte des humains;
Non, non, pour le ſalut & de l'vn de l'autre,
Receüez ma parole, & me donnez la voſtre,
Que celuy de vous deux que choiſira ma ſœur,
Sans diſpute & ſans trouble en ſera poſſeſſeur.

LYPAS.

Soit, i'y conſens.

LEPANTE.

Et moy.

ISMENIE.

　　　　　Puis que le faict m'importe,
Et que mon frere meſme à mon choix ſe rapporte,
Ie ne rougiray point de dire deuant tous,
Que c'eſt le Roy Nicas que ie veux pour Eſpoux.

L ij

LYPAS.

Puiſque ie l'ay promis, il faut que ie le quitte;
Mais c'eſt à ſon bon-heur, pluſtoſt qu'à ſon merité,

PAGE, à Dorante.

Seigneur, vn Eſtranger là-dehors vous attend,
Pour vous donner, dit-il, vn pacquet important,
Au reſte ſon habit, ſa mine & ſa preſance,
Font croire que luy-meſme eſt homme d'importance.

LYPAS.

C'eſt poſſible vn Courier de voſtre Majeſté,
Roy Nicas.

LEPANTE.

Il eſt vray, tu dis la verité,
Roy Lypas.

ARMILLE.

Il le dit comme il ſe l'imagine.

LYPAS.

Allons, nous verrons tous s'il a ſi bonne mine.

ACTE IV.

SCENE PREMIERE.

DORANTE, ERPHORE.

ERPHORE.

SEIGNEVR, quelque soupçon qui me
 tombe en l'esprit,
Ie veux croire pourtant qu'Axala vous
 escrit,
Et qu'en cette hymenée il a l'effronterie
De disputer la palme au Roy de Ligurie;
Mais vostre iugement n'a pas dequoy douter
Que le plus grand des deux ne la doiue emporter,
Si bien que maintenant c'est à vous à connestre
Quel rang tient ce Pirate, au prix du Roy mon
 Maistre.

DORANTE.

Ie sçay quel est son rang, & quel celuy du Roy;
Mais ie suis obligé de luy garder la foy.

ERPHORE.

Mais la raison d'Estat vous deffend de le faire.

DORANTE.

Mais celle de l'honneur m'ordonne le contraire,
Et d'autant que l'honneur m'est plus cher que le
    bien,
Ie le suy sans reserue & sans crainte de rien.

ERPHORE.

Vous estiez en prison alors que vous promistes,
Et vostre liberté deffait ce que vous fistes.

DORANTE.

Ie luy promis ma sœur dans ma captiuité,
Mais rien ne m'y força que sa ciuilité,
Et croyant que possible il éprouuoit la mienne,
Ie luy donnay la foy qu'il faut que ie luy tienne :
Il est vray i'en fis trop, mais puisque ie l'ay fait,
Telle qu'est ma promesse elle aura son effait.

ERPHORE.

Pourquoy donc receuoir la parole d'vn autre,
Puisque le grand Corsaire auoit desia la vostre?

DORANTE..

Auant qu'à cette amour le Roy fut embarqué,
Il auoit sceu la chose, & s'en estoit mocqué;
Dorante, me dit-il, cette galanterie
Ne doit pas arrester vn Roy de Ligurie;
C'est vn trait de Pirate aussi vain qu'indiscret,
Et, si vous m'en croyez, vous le tiendrez secret:
Ie le creus, & ma sœur ne vient que de l'apprendre
Par mon commandement, & la bouche d'Euandre.

ERPHORE.

Ce pretexte de foy me semble vn peu leger;
Car ou vous nous trompiez, ou sans ce messager
Nostre hymen dans huict iours estoit prest à ce faire.

DORANTE.

Ie l'aduoüe.

ERPHORE.

Ainsi vous trompiez le Corsaire.

DORANTE.

Point, ie pouuois le faire & sauuer mon honneur.

ERPHORE.

Comment?

DORANTE.

I'ay fon efcrit, voyez-en la teneur.

LETTRE D'AXALA A DORANTE.

DORANTE, il y a quatre mois que vous promiftes à mon Lieutenant Artaxes, que vous m'accorderiez pour femme voftre fœur vnique la Princeffe Ifmenie, à la premiere femonce que vous en receuriez de ma part, & que vous iuraftes entre fes mains par l'ame de voftre Pere, que vous me la donneriez fi dans vn mois apres ie venois vous la demander en perfonne dans voftre ville de Marfeille : Ie vous affeure donc que vous m'y verrez au pluftoft, pour vous fommer moymefme de l'execution de voftre promeffe. C'eft la rançon que ie vous demande, & que vous ne pouuez me refufer fans offencer les Dieux, & perdre parmy les hommes la reputation où vous eftes du plus loyal & du plus genereux Prince de la terre.

AXALA.

A ces conditions, vous voyez bien Erphore,
Que tantoft, l'honneur fauf, ie le pouuois encore,

Et

Et non plus maintenant qu'il l'a fait demander.

ERPHORE.

Voſtre Alteſſe, Seigneur, me doit donc accorder,
A voir comme Axala prit mal ſon aſſeurance,
Que ſi la choſe eſt vraye elle a peu d'aparence;
Car pour ſes ſeuretez il eſtoit a ſonchoix
De vous preſcrire encor de plus eſtroites loix,
Et vous obliger meſme à cette tyrannie
De luy mener chez luy voſtre ſœur Iſmenie,
Et ne l'ayant pas fait.

DORANTE.

     Il fit plus ſagement,
Sa moderation ſurprit mon iugement,
Ie creus que ce galand & genereux Corſaire
Me menaçoit d'vn coup qu'il ne voudroit pas faire,
Et que ſa vanité (comme il peut aduenir)
M'obligeoit à promettre, & non pas à tenir:
Cependant s'il le veut, il faut que ie le faſſe,
Et le grand Roy Lypas m'excuſera de grace;
C'eſt pourquoy, ſage Erphore, allez le diſpoſer
A gouſter la raiſon qui me doit excuſer;
Dites luy que pour moy (comme il eſt veritable)
I'ay de ſon déplaiſir vn regret incroyable,
Qu'apres vn accident ſi digne de pitié,
Ie ſuis encor heureux d'auoir ſon amitié,

       M.

Et que ie perds aſſez, perdant ſon alliance,
Sans que mon mauuais ſort m'oſte ſa bienueillance;
Enfin obligez-moy de luy repreſenter
Le deſtin qui me force à le mécontenter,
Puiſque telle eſt pour moy ma parole donnée
Touchant ce malheureux & funeſte hymenée,

ERPHORE.

Seigneur, à dire vray, ie ſouhaiterois bien
Qu'vn autre luy donnaſt ce faſcheux entretien;
Car ie ne doute point qu'il ne treuue bien dure,
Et la choſe elle-meſme, & voſtre procedure;
Il ayme la Princeſſe, & difficilement
La poura-t'il ceder à cet indigne Amant;
Ie taſcheray pourtant d'empeſcher ſa furie,
Ou de la moderer.

DORANTE.

Allez, ie vous en prie,
Et faites que le tout ſe paſſe à la douceur,
O! Prince infortuné: Mais i'apperçoy ma ſœur,
Il faut pour quelque temps éuiter ſes approches,
Ses plaintes, ſes regrets, & ſes iuſtes reproches.

SCENE II.

ISMENIE, EVANDRE, CELIE.

ISMENIE.

ET pourquoy si long-temps m'a-t'il voulu cacher
Ce funeste secret?

CELIE.

De peur de vous fascher.

ISMENIE.

Et me fasche-t'il moins qu'il ne m'auroit faschée?

CELIE.

Vous ayant iusqu'icy l'aduanture cachée,
Vous ne souffrez au moins que depuis aujourd'huy.

ISMENIE.

Mais il m'eust preparée à souffrir mon ennuy,

Au lieu qu'il me ſurprend , & qu'il faut que i'en
  meure.

EVANDRE.

Mais le Prince luy-meſme a creu iuſqu'à cette heure
Qu'il ne denoit iamais vous parler de cela,
Et que c'eſtoit vn trait de l'humeur d'Axala,
Par tout aſſez fameux pour la galanterie,
D'autant mieux qu'vn Pirate à peine ſe marie,
Sur tout vn General, dont la perfection
Eſt de ne rien aymer que ſa profeſſion,
Telle ſorte de gens eſtimant qu'vne fâme
Rend vn Chef moins hardy pour le fer & la flâme:
Mais cetuy-cy, peut-eſtre, en eſt aſſez aymé,
Et pour ſe marier, & pour eſtre eſtimé.

ISMENIE.

Ainſi donc mon deſtin qui touſiours denient pire,
De l'amour d'vn grand Roy qui m'offroit vn Em-
  pire,
Me iette à la mercy d'vn Corſaire effronté :
O ! Ciel qui n'as pour moy ny grace ny bonté,
Quand adreſſeras-tu ta derniere tempeſte
Sur ceſte deteſtée & miſerable teſte ?

EVANDRE.

Madame, bien ſouuent nous querellons les Cieux
Quand pour noſtre ſalut ils trauaillent le mieux.

ISMENIE.

Helas! & que font-ils pour me rendre contente?

EVANDRE.

Contre toute esperance, ils vous rendent Lepante,
Afin de vous seruir de rempart asseuré
A soustenir l'assaut qui vous est preparé,
Il sçait vostre aduanture, & c'est par son adresse
Que vous échaperez du danger qui vous presse:
Car, à ce que ie voy, le Prince est resolu
D'vser en vostre endroit d'vn pouuoir absolu,
Si bien que vostre mieux, apres la patience,
C'est d'auoir en Lepante vne entiere fiance:
Il entre, ce me semble, & Felice auec luy.
Monstrez-luy franchement vostre ame & vostre
    ennuy,
Auparauant qu'Armille, ou quelqu'autre sur-
    uienne.

M iij

SCENE III.

LEPANTE, FELICE.

ISMENIE.

I voſtre affection eſt pareille à la mienne
Lepantes nous voicy les deux plus mal-
heureux
Qui iamais ayent ſouffert ſous l'Empire amoureux;
Le ſort qui iuſqu'icy pour nous faire la guerre
Sembloit ſe contenter des Tyrans de la terre,
Nous ſuſcite aujourd'huy les Monſtres de la Mer
Pour les ioindre poſſible auec ceux de l'Enfer:
Ce n'eſt plus à Lypas que ie ſuis deſtinée,
C'eſt au fier Axala que ie ſeray donnée;
Si par voſtre conſeil, ou par voſtre valeur,
Vous ne m'oſtez bien-toſt de ce preſſant malheur,
Ie l'appelle preſſant, puiſque demain, peut-eſtre,
Il viendra m'enleuer des bords qui m'ont veu nai-
ſtre,
Pour viure, comme il fait, dès miſeres d'autruy,
A la mercy des flots, que ie crains moins que luy,

LEPANTE.

Mais si vous n'auiez pas le malheureux Lepante,
Comment soustiendriez-vous cette fiere tourmente?
Quel phare en cette nuict vous monstreroit le port?

ISMENIE.

En cette extremité i'irois droit à la mort ;
Depuis qu'on m'a parlé d'vne flâme nouuelle,
Ma resolution a toufiours esté telle.

LEPANTE.

Et maintenant encor, qu'auez-vous resolu?

ISMENIE.

D'eflire le trépas que vous auiez esleu,
D'aller du mesme endroit, & fur vos mefmes traces,
Estouffer dans la Mer ma vie & mes difgraces.

LEPANTE.

Ce n'est pas le chemin qu'il faut que vous fuiuiez,
Lepante en fçait vn autre, & veut que vous viuiez.

ISMENIE.

Confiderez-moy donc comme vne autre Andro-
mede,
Comme vn autre Perfée accourez à mon ayde,

Et pour vous, & pour moy, taschez de me sauuer
De ce Monstre Marin qui me veut enleuer :
Oüy, pour vous, & pour moy, remarquez mes pa-
roles,
Qui ne vous donnent point d'esperances friuoles.

CELIE.

Les mots sont obligeants.

FELICE.

Et s'expliquent assez.

LEPANTE.

Vous m'obligez autant que vous m'embarrassez,
Ayant bien de la peine à faire vne responce
Digne de ma fortune, & de vostre semonce ;
Vostre excessiue amour se porte aueuglement
A me combler de gloire & de contentement,
Et l'excez de la mienne, à mon bon-heur con-
traire,
Resiste à la faueur que vous me voulez faire,
Sur le poinct de iöuir d'vn bien si desiré,
Ma propre passion me rend consideré ;
Il est vray qu'au besoin il me seroit facile
De vous faire treuuer vn fauorable azile,
Où vous n'auriez à craindre en aucune façon
Qu'vn frere vous forçast à payer sa rançon ;

Mais

Mais i'ay trop de courage, & vous m'estes trop chere
Pour vous enueloper dans ma propre misere:
Quoy ne sçauez-vous pas, miracle de beauté,
Que i'ay perdu ma gloire auec ma Royauté?
Qu'en me precipitant, mon trône & ma fortune
Tomberent auec moy d'vne cheute commune?
Que ie n'ay plus de rang, ny plus de qualité,
Et que iusque à mon nom, le sort m'a tout osté?

ISMENIE.

N'importe, il me suffit que vous estes né Prince,
Vostre moindre vertu vaut mieux qu'vne Prouince,
Et sans gloire, & sans bien, l'amour que i'ay pour
vous
Me rendra tout aysé vous ayant pour Espoux.

CELIE à Felice.

Ah! ma sœur, son amour la rendra malheureuse.

LEPANTE.

Ie reçois à genoux cette offre genereuse;
Mais au moins pensez-y, ie vous le dis encor,
L'espoir est mon dernier & mon plus grand tresor:
Ie n'ay plus cet éclat, ces riches équipages,
Ce nombre d'Officiers, cette suitte de Pages,
Ny tous ces Courtisans que ie soulois auoir
En l'estat florissant où vous m'auez pû voir.

N

ISMENIE.

Tant mieux, les grands Eſtats ont les grandes diſ-
     graces,
Et la tranquilité ſuit les fortunes baſſes.

LEPANTE.

Au reſte ma retraite eſt au milieu des eaux,
Dans le fonds de l'Egypte, & parmy les roſeaux.

ISMENIE.

Encor mieux, nous l'aurons comme ie la ſouhaitte.

LEPANTE.

O! Dieux, fut-il iamais vne ame ſi parfaite ?
Mais vos filles, Madame ?

ISMENIE.

                    Aurez-vous bien le cœur
De me ſuiure ?

FELICE.

Oüy, Madame.

ISMENIE.

            Et vous ?

CELIE.

                Mieux que ma ſœur.

FELICE.

Mieux que moy, grand mercy de voſtre courtaiſie,
Pourquoy mieux, s'il vous plaiſt?

ISMENIE.

                 Voyez leur jalouſie.

LEPANTE.

Et le fidelle Euandre, on ne le compte pas.

EVANDRE.

Non, mais en quelques lieux que s'addreſſent vos
     pas,
C'eſt vn poinƈt reſolu qu'il ſera de la ſuitte,
Ou qu'il empeſchera voſtre amoureuſe fuitte.

ISMENIE.

Lepante, vous voyez, c'eſt maintenant à vous
A treuuer les moyens de nous enleuer tous ;
Au reſte pour du bien n'en ſoyez pas en peine,
D'vne ſeule ceinture, & d'vne ſeule chaiſne,
Qui ſont preſentement tout ce que i'ay valant,
Nous aurons ſix fois plus que ne vaut vn talant.

LEPANTE.

Auant que commencer cette haute entrepriſe,
Il faut, ſuiuant la foy que vous m'auez promiſe,

Que vous iuriez encor par la sœur du Soleil,
Que vous suiurez, en tout mon ordre & mon conseil.

ISMENIE.

Ie le iure, & de plus, ie t'exhorte, ô Diane,
A vuider ton carquois sur ma teste prophane
Si ie manque à tenir le serment que i'ay fait.

LEPANTE.

O Dieux !

ISMENIE.

Et bien Lepante, estes-vous satisfait ?

LEPANTE.

Ie le suis tout autant que i'ay sujet de l'estre ;
Mais il me reste encor à vous faire connestre
Qu'à vouloir procurer ma gloire & mon bon-heur
Vous perdez vostre frere en perdant vostre honneur ;
Si bien qu'à mon aduis , vous ne sçauriez mieux
    faire
Que de mettre en effait ce conseil salutaire,
Espousez Axala.

ISMENIE.

Dieux ! bons Dieux, qu'ay-je oüy ?

CELIE.

O! ma sœur, est-il fou?

FELICE.

Pour moy ie croy qu'oüy.

ISMENIE.

Axala, dites-vous? que i'espouse vn Pirate,
Ame lasche, infidelle, & sur toutes ingrate,
Ah conseil odieux!

LEPANTE.

Mais il est à propos
Pour le bien de Dorante, & pour vostre repos.

ISMENIE.

Ie ne suis point garant, ny n'entre en connoissance
D'vne promesse injuste, & faite en mon absence,
Et pour ce faux honneur, qui n'est qu'vn peu de
bruit,
Si ie le perds pour vous, vous en aurez le fruit;
Parlez donc tout de bon.

LEPANTE.

Le Ciel me soit contraire
Si vous y conuiant ie ne pense bien faire,

N iij

Et si ma passion ne m'oblige à cela.

ISMENIE.

Tu dis encor vn coup que i'espouse Axala,
Meschant?

EVANDRE.

Ie n'entends point ce changement estrange.

ISMENIE.

O Ciel! en quel estat la Fortune me range :
Mais ce n'est point le Ciel, ny la Fortune aussi,
C'est la desloyauté de l'ingrat que voicy,
Ou plustost ma bonté de qui ie me doy plaindre,
Apres le plus grand coup qui me pouuoit attein-
*   dre ;*
En effait ie m'accuse, & ne te blasme plus,
Toute Amante qui s'offre est digne de refus,
L'excez de mon amour trop prompte & trop bru-
*   lante,*
A fait mourir la tienne, ou l'a rendu plus lente,
Et le Ciel contre moy iustement animé
Me veut punir par toy de t'auoir trop aymé :
Ce n'est pas toutesfois qu'vne si belle faute
N'eust produit autre effect en vne ame plus haute,
Et quel extréme ardeur de mon Zele amoureux
N'eust confirmé l'amour dans vn cœur genereux.

Mais tu difois tantoft deuant la compagnie,
Parlant de la Fortune & de fa tyrannie,
Que iufques à ton nom elle t'a tout ofté,
Adjouftes-y le cœur, l'honneur & la bonté ;
L'vn ou l'autre des trois t'euft defendu d'éclorre,
Le coupable deffein qui fait que ie t'abhorre,
Non pour m'auoir manqué de conftance & de foy,
Puifque c'eft vn defaut affez commun de foy ;
Et que peut-eftre auffi ma beauté n'eft pas telle
Qu'elle puiffe arrefter vn efprit infidelle,
Mais pour l'indignité de ton lafche confeil,
En toute circonftance à nul autre pareil :
Indifcret, impudent, defobligeant, infame,
Et qui montre en vn mot les vices de ton ame,
Ingrat qui ne veut point d'vn prefent de valeur,
Afin d'en enrichir vn illuftre voleur ;
Cruel qui refufant vne Princeffe offerte,
Veux encor par ferment l'obliger à fa perte.

CELIE.

Voyez, rien ne l'efmeut ce cœur dénaturé,

ISMENIE.

Bien donc, puis qu'il te plaift, & que ie l'ay iuré,
Ie fubiray la loy que ta rigueur m'impofe ;
Mais vn fonge & cela fera la mefme chofe,

Tant la mort à l'hymen ſera iointe de prés,
Et le mirte amoureux au funeſte cyprés :
Adieu, ſeparons-nous.

CELIE.

Ah l'ingrat.

ISMENIE.

Le barbare.

LEPANTE.

Madame, encore vn mot, & puis ie me ſepare.

ISMENIE.

Point, point, ie ne veux plus ny te voir, ny t'oüir.

LEPANTE.

Mais c'eſt pour vn ſujet qui vous peut reſioüir :
La raiſon deſormais, belle & grande Princeſſe,
Veut qu'auec voſtre erreur voſtre colere ceſſe,
Puiſque le ſeul deſir d'éprouuer voſtre amour
M'auoit ſolicité de vous faire ce tour.

ISMENIE.

Lepante, aucunefois le plus ſage s'oublie.

LEPANTE.

Comment ?

ISMENIE.

Que deuiendra le ſerment qui me lie ?
Car

Car enfin i'ay iuré d'efpoufer Axala,
Et vous en faites ieu.

LEPANTE.

      Ie ne dis pas cela:
Ie vous exhorte encor, autant que ie vous ayme,
D'efpoufer Axala, (c'eſt à dire moy-mefme)
Moy-mefme qui pour moy vous l'auois conſeillé.

ISMENIE.

Ne vous ſemble-t'il point que c'eſt aſſez raillé?

LEPANTE.

Non, non, ie ne feins plus, Axala c'eſt Lepante,
Ie cache ſous ce nom ma fortune preſente;
Mais le Ciel deſtruira la trame que iourdis,
Ou ie ſeray bien-toſt ce que ie fus iadis.

ISMENIE.

O! grands Dieux quelle vie, & quelle deſtinée!

FELICE.

O! ma ſœur, qu'eſt-cecy?

CELIE.

     I'en ſuis toute eſtonnée.

O

EVANDRE.

Pour moy ie me doutois de cette verité.

ISMENIE.

De grace oſtez-nous donc de cette obſcurité.

LEPANTE.

Ce que ie vous vay dire eſt le meſme miſtere
Que tantoſt par deſſein ie vous ay voulu taire;
Ie vous ay deſia dit, & fait conſiderer,
Que i'eus deux grands ſujets de me deſeſperer,
Et parmy quelles gens ſe conſerua ma vie;
Or voicy le deſtin dont elle fut ſuiuie.
   Croyant auoir perdu mon Sceptre & mes amours,
Ie voulus perdre auſſi mes miſerables iours,
Et dans ce deſeſpoir fis des exploits eſtranges,
Qui trouuent parmy nous leur prix & leurs loüanges;
Enfin apres deux ans , cès hommes hazardeux
Me ſirent General de leurs vaiſſeaux & d'eux :
Depuis, noſtre pouuoir ſur la terre & ſur l'onde
S'eſt rendu formidable aux plus grands Roys du
    monde,
Sous le nom d'Axala cachant touſiours le mien
I'ay gagné tant d'honneur, de credit & de bien,
Qu'auec ſix vingt vaiſſeaux & ſoixante galeres
I'eſpere de r'entrer au trône de mes Peres,

Dautant plus ayſément que mes braues ſujets

Ayderont aux ſuccez de mes iuſtes projets:

Demain auant le iour vne puiſſante armée

Doit venir au ſignal d'vne torche allumée,

Par deux Siciliens qui ſont de mon party;

Et c'eſt pour leur parler que Tenare eſt ſorty;

Ainſi la force en main, & la faiſant pareſtre,

I'auray meilleure grace à me faire conneſtre.

ISMENIE.

O Ciel ! quels changements, & que nos aduantures

Treuueront peu de foy chez les races futures.

Mais i'oy venir quelqu'vn;

CELIE.

Madame c'eſt Lypas,

ISMENIE.

Dieux oſtons-nous d'icy, qu'il ne m'y treuue pas.

SCENE V.

LYPAS, ERPHORE.

ERPHORE.

Nfin il m'a prié que ie vous asseurasse
Que le plus grand regret qu'il ait en sa dis-
    grace,
C'est de mécontenter vn grand Roy comme vous,
Qui rendroit son Estat considerable à tous:
Mais qu'il est obligé de tenir sa parole.

LYPAS.

Qu'il ne m'allegue plus cette excuse friuole,
Il n'est pas hebeté ny foible iusqu'au point
De se picquer d'honneur pour ceux qui n'en ont
    point,
Sur tout en l'interest d'vn Prince de ma sorte,
Où la raison d'Estat doit estre la plus forte.

ERPHORE.

C'est comme vne rançon, dont il veut s'aquiter.

LYPAS.

N'a-t'il pas de l'argent dequoy se rachepter ?
Et puis ne peut-il pas, s'il en auoit enuie,
S'excuser sur sa sœur ?

ERPHORE.

Elle en seroit rauie;
Car tantost que d'Euandre elle a sceu son malheur,
Elle a pensé mourir de honte. & de douleur,
Armille me l'a dit.

LYPAS.

Ie croy bien, la pauurette
A regret de me perdre, & moy ie la regrette
De treuuer vn Pirate à la place d'vn Roy,
Outre qu'asseurément elle brusle pour moy.

ERPHORE.

O Dieux ! elle tient donc ses flames bien secretes.

LYPAS.

Ne t'en estonnne pas, c'est qu'elles sont discrettes.

ERPHORE.

Ie voudrois cependant pour mon dernier souhait,
Que Iupiter m'aymast autant qu'elle te hait.

LYPAS.

Cette discretion causera sa ruine,
Ie crains que par vertu, cette beauté diuine
Ne resiste au secours que ie luy puis donner,
Et comme vn doux Aigneau ne se laisse emmener,
Pour seruir de victime aussi-tost que de fâme
A la brutalité de ce Corsaire infame,
Puis qu'il peut la liurer, son desir assouuy,
Au moindre des brigands dont il sera suiuy :
Mais ny du Ciel tonnant la face foudroyante,
Ny le terrible aspect de la Mer abboyante,
Ne m'empescheront pas par la peur du danger
D'abandonner ma vie afin de la vanger,
Et i'en commenceray la vangeance effroyable
Sur cet homme d'honneur, ce frere impitoyable,
Qui feignant de garder sa parole & sa foy,
Vend sa sœur au barbare, & se mocque de moy;
Ie luy veux consumer par le feu de nos guerres
Ses hommes, ses tresors, ses places & ses terres;
Et le prenant en vie apres ces maux souffers,
Le faire encor languir & mourir dans les fers.

ERPHORE.

Vous ferez, s'il vous plaist, les choses que vous
    dites,
Puisque vostre puissance est quasi sans limites:

Mais voſtre Majeſté doit cacher ſagement
Son iuſte déplaiſir & ſon reſentiment,
Puiſque Dorante feint, feingnez auſſi de meſme,
Et ſi, comme ie croy, la Princeſſe vous ayme,
Armille nous dira les moyens les plus cours
Pour changer ſon deſtin, ou luy donner ſecours.

LYPAS.

C'eſt l'Oracle, en effait, qu'il faut que ie conſulte,
Et qui doit me reſoudre au fort de ce tumulte,
Erphore, où penſes-tu qu'elle ſoit maintenant?

ERPHORE.

Chez ſoy.

LYPAS.

Paſſons-y donc comme en nous promenant

Fin du quatrieſme Acte.

ACTE V.
SCENE PREMIERE.
EVANDRE, FELICE, ARMILLE.

EVANDRE.

NON, non, n'en doutez pas, c'est chose que
i'ay veüe.

FELICE.

O nouuelle agreable !

ARMILLE.

O ! discours qui me tuë.

FELICE.

Et ma pauure Compagne ?

EVANDRE.

Elle est sauuée aussi,
Enfin le rauisseur a tres-mal reussy,

Non

Non pour l'enleuement qu'il a fait à merueille;
Mais pour l'éuenement.

ARMILLE.

De grace à la pareille,
Dites-moy par quel sort il a manqué son coup?

EVANDRE.

Volontiers ; ce discours ne te plaist pas beaucoup :
Vous sçauez que Celinte & la vieille Amerine
Ont entendu le rapt de leur chambre voisine,
Et qu'elles ont passé par nostre apartement,
Semant par tout le bruit de ce rauissement ;
On s'éueille, on accourt, on voit la chambre vuide,
Lors chacun prend sa route où le hazard le guide,
L'vn court par le Palais, l'autre entre, l'autre sort;
Mais Tenare & son Maistre ont volé droit au
*   port,*
Auec tant de bon-heur, de vaillance & d'adresse,
Qu'ils ont gardé Lypas d'embarquer la Princesse,
Et par cette action donné temps d'arriuer
Au peuple, que leurs cris auoient fait sousleuer.

ARMILLE.

Mais la chaisne du port, empeschoit sa sortie.

EVANDRE.

Mais celuy qui la garde estoit de la partie,

P

Et nous en verrons bien quelques testes à bas,
Laissez faire: & des plus.

ARMILLE.

Cecy ne me plaist pas:
Et comment ce meschant l'auoit-il enleuée?

EVANDRE.

Ils viennent, attendez qu'elle soit arriuée,
Elle vous l'apprendra, si vous n'en sçauez rien:
Mais.

ARMILLE.

Quoy mais?

EVANDRE.

Mais on dit que vous le sçauez bien.

ARMILLE.

Moy, que ie le sçay bien? ô l'imposture estrange!
Dieux à quel desespoir l'injustice me range,
Que ne suis-ie au tombeau.

EVANDRE.

Ce seroit ton plus court,
Meschante.

FELICE.

Est-il bien vray?

EVANDRE.

C'est le bruit de la Court.

ARMILLE.

C'est le bruit de l'enuie & de la médisance.

EVANDRE.

Erphore toutesfois l'a dit en ma presence.

ARMILLE.

Ie le feray mentir ce lasche & faux témoin,
Auec l'ayde du Ciel.

EVANDRE.

Vous en aurez besoin.

ARMILLE.

Bien, bien, tout de ce pas ie m'envay luy respondre,
Et toy-mesme, impudent, auec luy te confondre.

EVANDRE.

Tu songes, (mais en vain, car ie vay t'épier)
Plustost à t'enfuir qu'à te iustifier.

SCENE II.

FELICE, CELIE.

FELICE,

AH! Dieux, voicy ma sœur ; pauure fille en-
leuée,
Tu sois la bien venuë, & la bien retreuuée,
Que ie te baise encor, ie ne m'en puis lasser,

CELIE.

Ny moy qui viens exprés afin de t'embrasser,
Et de te raconter le traitement indigne
Que nous auons souffert de ce Tyran insigne,
Puisque Prince est vn nom qu'on ne luy peut don-
ner
Sans abuser du terme, ou sans le prophaner ;
Et que tel qu'vn voleur, sous pretexte qu'il ayme,
Il est venu de force, il est entré de mesme,
Et nous treuuant au lict demy-mortes d'effroy,
N'a fait qu'vn seul fardeau de Madame & de
moy.

FELICE.

Pourquoy ne crieiz-vous pour éueiller la Garde
Quand on vous emportoit?

CELIE.

Vray'ment nous n'auions garde,
Leurs mains & leurs mouchoirs sur nos bouches
  pressez,
Sans la peur du peril, nous en gardoient assez;
Et,puis sa compagnie euſt eſté la plus forte;
Cent hommes l'attendoient à la prochaine porte,
Que pour certain reſpeƈt on ne garde iamais
Depuis que ce meſchant loge dans le Palais:
Au reſte il eſt conſtant qu'on nous auoit venduës,
Les clefs de noſtre chambre ayant eſté perduës
Vne heure iuſtement auant qu'on ſe couchaſt,
Quoy qu'Armille elle-meſme auec ſoin les cherchaſt:
Mais elle les cherchoit & les auoit baillées;
Car le bruit des voleurs nous ayant éueillées,
I'ay fort bien obſerué qu'apres deux ou trois coups
Quelqu'vn a fait ſauter les deux petits verroux,
De façon que ſans peine ils ont fait ouuerture,
Ce qu'ils n'euſſent peu faire en forçant la ſerrure,
Dont les cloux ſont ſi forts, & les reſſorts ſi bons,
Qu'on romproit auſſi-toſt la muraille & les gonds:
Si bien, qu'à dire vray, toutes tant que nous ſommes
Deuons noſtre Maiſtreſſe au ſecours de deux hom-
  mes.

FELICE.

Comment ?

CELIE.

Nous n'eſtions plus à cent pas loin du port,
C'eſt à dire, pour nous à cent pas de la mort,
Quand au bout d'vne ruë, extremement eſtraite
Par où les rauiſſeurs acheuoient leur retraite ;
Ces deux braues guerriers comme termes plantez
Leur ont fermé le pas, & les ont arreſtez ;
L'vn l'eſpée à la main, l'autre armé d'vne picque ;
Et tous ceux d'vne force & d'vn cœur heroique ;
Là Lepante ſur tout a ſi bien combatu,
Qu'ils n'ont pû ſous le nombre accabler la vertu ;
Ioint que Dorante auſſi qui les ſuiuoit à veüe
A pris de ſon coſté l'autre bout de la rüe,
Ainſi de toutes parts les paſſages fermez
Ils ont tendu les mains, & ſe ſont deſarmez ;
Apres chez Palinice où l'on nous a iettées,
On nous a du Palais des robes apportées.

FELICE.

Et vos liberateurs ont-ils eſté bleſſez ?

CELIE.

Fort peu, ſi l'on en croit ceux qui les ont penſez.

FELICE.

Et Lypas ne l'est point?

CELIE.

                S'il a quelques blessures
Ce sont des coups de dents & des égratigneures,
Dont Madame a tasché de le defigurer;
Mais pour les coups d'espée il sçait bien s'en parer,
C'est luy qui le premier a jetté bas les armes,
Et demandé la vie auec d'indignes larmes.

FELICE.

Le lasche, & que dit-il?

CELIE.

              Il ne dit pas vn mot,
On ne l'a iamais veu si triste ny si sot;
Lors que ie suis venuë on proposoit encore
De luy faire anoncer par la bouche d'Erphore,
Que le fol pretendu qui les a tous dupez,
Luy vient redemander ses Estats vsurpez;
Car à ce iour naissant qui chasse les Estoilles
On voit desia blanchir si grand nombre de voilles,
Que dans l'ame du Prince ils mettoient la ter-
    reur,
Si Lepante à propos ne l'eust tiré d'erreur.

FELICE.

Quoy la reconnoiffance en a donc efté faite?

CELIE.

Par tout ce qui peut rendre vne amitié parfaite,
Par cent fignes de ioye & de rauiffement,
Suiuis d'vn reciproque & long embraffement,
Enfin par l'vnion des cœurs & des perfonnes
Qui doit faire le nœud de celles des Couronnes.

FELICE.

Si Lepante eut repris fon fceptre auec fon nom,
Que la Cour feroit belle, & qu'il y feroit bon,
Que d'habits brodez d'or, & que de pierreries,
Ha ma fœur que de bals, que de galenteries.

CELIE.

On ne laiffera pas d'en faire fans cela;
Car auec la iuftice & les forces qu'il a,
Selon toute aparence il luy fera facile
De reprendre en deux mois la Corfe & la Sicile,
Et puis l'vfurpateur eft à noftre mercy:
Mais Dieux i'entends fa voix, le brutal vient icy,
Fuyons ;i'auois laiffé Madame chez Dorante,
Allons-y la treuuer.

FELICE.

Allons i'en fuis contente.

SCENE

SCENE III·

LYPAS, ERPHORE.

LYPAS.

Fatale Prouence! ô desloyale Cour!
Où i'ay pour ennemis la Fortune & l'A-
    mour,
Dont l'vn m'oste vne femme & l'autre vne Cou-
    ronne,
Ainsi de tous costez le malheur m'enuironne,
Ainsi de quelque part que i'obserue mon sort,
Ie ne voy que sujets de desirer la mort;
Battu, mocqué, trahy par vn Prince infidelle
Qui choisit a sa sœur vn party digne d'elle:
Lasche sœur qui prefere a l'amour d'vn grand Roy,
L'indigne affection d'vn Pirate sans foy:
Frere ingrat, au delà de toute ingratitude,
Qui pour tous mes bien-faits me met en seruitude,
Qui pour mon alliance & mes tresors offers
Me retient mes vaisseaux, met les miens dans les
    fers,

Q

M'oste mes Officiers, & permet qu'à ma veüe
Vn Bourgeois insolent les mal-traite & les tüe;
Enfin qui non content de m'auoir abusé,
M'ameine vn faux Lepante, vn Prince suposé,
Afin de partager la Sicile & la Corse
Auec cet heritier dont le droit est la force.

ERPHORE.

Sire, quand vn malheur ne se peut éuiter,
Le souuerain remede est de le suporter.

LYPAS.

Quoy, l'ombre de Lepante aura donc vn Royaume?

ERPHORE.

Il ne faut plus parler d'ombre, ny de phantosme,
C'est Lepante luy-mesme, & vostre Majesté
Doit croire sur ma foy que c'est la verité;
Elle sçait qu'autrefois ie fus en Syracuse
Luy faire de sa part quelque sorte d'excuse
Touchant ses dix vaisseaux de Cartage venus,
Qu'elle auoit dans ses ports si long-temps retenus.
Or il m'a rapporté les choses que nous fismes,
Et m'a fait souuenir de celles que nous dismes.

LYPAS.

Si bien qu'à vous ouïr, Lepante n'est point mort:

ERPHORE.

Non, Sire, & ſes ſubjets qui l'aymerent ſi fort
Feront armes de tout tant ſur mer que ſur terre,
Et couperont la gorge à tous vos gens de guerre;
Ce qu'ils entreprendront d'autant plus aiſément
Que deſia voſtre ioug leur peſe infiniment,
Et qu'ils auront appris la nouuelle oportune
Du bon-heur de leur Prince, & de voſtre infortune:
La flote de Lepante à la rade paroiſt,
Croiſſant à meſme temps que la lumiere croiſt,
De ſorte qu'en l'eſtat qu'il eſt, & que vous eſtes,
Il peut iuſques chez nous eſtendre ſes conqueſtes,
C'eſt pourquoy de bonne heure en cette aduerſité
Faites une vertu d'une neceſſité,
Et par un politique & prudent artifice,
D'un acte de contrainte, un acte de iuſtice;
Rendez de bonne grace, ou feignez de laſcher
Vn Sceptre qu'auſſi bien on vous doit arracher;
En matiere d'eſtat la feinte eſt neceſſaire.

YPAS.

O conſeil qui me tuë! ô fortune contraire!

ERPHORE.

Seigneur, encore un coup, gardez de refuſer
Les articles de paix qu'on vous doit propoſer,

L'ILLVSTRE CORSAIRE,

Durante les apporte afin qu'il vous les montre,
Et nous pour l'obliger allons à sa rencontre;
Il faut ceder au temps, & luy rendre auiourd'huy
L'honneur qu'auparauant vous receuiez de luy;
Possible rendrez-vous par cette procedure
Vostre condition moins honteuse & moins dure:
Hastons-nous, i'apperçoy la Princesse qui vient.

LYPAS.

O dueil! ô desespeir! ô fureur qui me tient!

***

SCENE IV.

LEPANTE, ISMENIE, FELICE, CELIE.

FELICE.

ET seuls ils ont pû faire vne action si rare?

ISMENIE.

Oüy, Felice, il est vray, sans Lepante & Tenare
Vous seriez sans Maistresse errante sur le port,
Ou peut-estre à cette heure on vous diroit ma mort.

FELICE.

Vous me permettrez donc:

LEPANTE.

Quoy, que voulez-vous faire ?

FELICE.

Ie veux vous adorer comme vn Dieu tutelaire,
Ou comme vn sainct Genie à nostre ayde enuoyé,
Digne instrument des Dieux qui vous ont employé.

LEPANTE.

Vostre zele est trop grand, ie vous en remercie,
Leuez-vous ;

CELIE.

Vous voyez que l'on vous deïfie :
Et de fait, si les Dieux pouuoient estre mortels,
Mes compagnes & moy vous ferions des autels :

ISMENIE.

Vous auriez dans Marseille vn temple magnifique,

LEPANTE.

Ou du moins vne image à la place publique :

ISMENIE.

Non, ie ne raille point : car si la verité
Se peut dire sans crime, & sans impieté,
Alcide à qui vos faits auroient seruy d'exemples,

Par de moindres vertus ameritédes temples.

LEPANTE.

Ie ne veux pas icy d'vn vol audacieux
M'esleuer de la terre à la voûte des Cieux,
Ny faire de ma vie auec celle d'Hercule
Vn rapport sacrilege autant que ridicule;
Mais aymant comme i'ayme en vn si digne lieu,
Ie brusle comme il fit d'vn feu qui me fait Dieu,
Et si i'ay mon autel dans le cœur d'Ismenie,
Ie brille comme luy d'vne gloire infinie.

ISMENIE.

Oüy, mon cœur est pour vous vn autel animé,
Vn temple, vn sanctuaire à tout autre fermé,
Où la lampe d'Amour nuict & iour allumée
Brusle d'vn feu si pur qu'il n'a point de fumée.

SCENE V.

LYPAS, ERPHORE, DORANTE.

DORANTE.

Enez, ie vous promets d'y trauailler pour vous.

LYPAS.

Ie ne demande pas vn traitement plus doux.

DORANTE.

Mon frere, au different qu'il faut que ie compose,
Ie voy le Roy Lypas si iuste en toute chose,
Qu'il est aisé de ioindre, & de se rendre amis:

LEPANTE.

Soit comme il vous plaira, ie vous ay tout remis.

DORANTE.

Il sortira, dit-il, hors de vostre heritage,
Si tost que par vn ample & constant tesmoignage
Il sçaura plainement que vous estes l'aisné
De la sage Vrsinie & du grand Prytané,

Vous aurez cependant deux places en Sicile,
Et luy pour sa prison, mon Palais & ma Ville :
Mais touchant cette debte, il faudra s'il vous plaist
Prendre le principal, & donner l'interest :

LEPANTE.

Ie n'en demande plus, de bon cœur ie le donne,

LYPAS.

Et moy ie le reçoy,

CELIE.

Vrayment ie m'en estonne,
Veu la grandeur de cœur dont le Ciel t'a doüé,

DORANTE.

Il suffit que tous deux vous m'auez aduoüé ;
Ils s'é-
brassét. Or embrassez-vous donc, puisque rien ce me semble
Ne vous doit empescher de viure bien ensemble.

ERPHORE.

La vengeance pourtant en ira iusqu'au bout.

SCENE

SCENE VI.

EVANDRE, ARMILLE.

EVANDRE.

Vn n'eschaperas pas, ie te suiuray par tout.

ISMENIE.

Ah Dieux ! verray-ie encor cette infidelle fame.

ARMILLE.

Grand Prince, en mon mal-heur c'est vous que ie
    reclame,
Et que la larme à l'œil ie viens importuner
D'obtenir mon pardon, & de me pardonner.

LEPANTE.

De grace en sa faueur accordez ma requeste,
Pour le sacré respect d'vne si belle feste.

ISMENIE.

Il faut luy pardonner, & ne la voir iamais.

R

DORANTE.

Allez, & loin de nous viuez mieux deformais.

ARMILLE.

Ah! i'ay creu procurer le bien de son Altesse.

EVANDRE.

Adieu femme sans foy, sauuez-vous de vistesse.

SCENE DERNIERE.

TENARE venant du Port.

Il parle
au Prin-
ce Le-
pante.

*Eigneur, tous vos vaisseaux paroissent
  maintenant,
Ie les ay veus du haure, où vostre Lieute-
nant,
Argant & Capanée, auant que ie m'en vinsse,
Attendoient pour entrer vn passeport du Prince.*

DORANTE.

En
riant.

*Ils l'auront de ma bouche, allons-y de ce pas,
Vous ma sœur, demeurez auec le Roy Lypas.*

ISMENIE.

Il me pardonnera si ie suis curieuse
D'aller voir auec vous la flotte imperieuse
Qui rendra hautement le Sceptre à mon Espoux.

LYPAS.

Ie la veux voir aussi.

ISMENIE.

Cela depend de vous.

LYPAS.

Erphore, vous voyez si ie me sçay contraindre.

ERPHORE.

Sire, vous faites bien, nostre ieu c'est de feindre.

EVANDRE seul.

O Dieux ! qui ne void pas que vos puissantes mains
Font agir les ressorts du destin des humains ?
Et que par des moyens difficiles à croire
Vous comblez ces Amans de plaisir & de gloire ?

FIN.

www.ingramcontent.com/pod-product-compliance
Lightning Source LLC
Chambersburg PA
CBHW060146100426
42744CB00007B/914